D1870179

Die Kunst des Sterbens

Unseren Freunden unter den Toten

Bernhard Sill
Renée Rauchalles

Die Kunst des Sterbens

Verlag Friedrich Pustet
Regensburg

Die Deutsche Bibliothek – CIP-Einheitsaufnahme
Ein Titeldatensatz für diese Publikation ist bei
Der Deutschen Bibliothek erhältlich.

ISBN 3-7917-1738-3
© 2001 by Verlag Friedrich Pustet, Regensburg
Titelabbildung und Umschlaggestaltung: Renée Rauchalles, München
Layout und Satz: MedienBüro Monika Fuchs, Hildesheim
Herstellung: Friedrich Pustet, Regensburg
Printed in Germany 2001

Inhaltsverzeichnis

Vorwort

Der Mensch ist das Wesen, das sich selbst zur Frage werden kann und sich immer wieder auch zur Frage wird. Zur Frage wird sich der Mensch, wenn er den bleibenden Rätseln seines Daseins begegnet. Eines dieser Rätsel ist der Tod. Sooft wir ihm begegnen, werden wir uns selbst, wie Augustinus (354–430) so treffend in seinen »Bekenntnissen« gesagt hat, zur »großen Frage«.

So ist die Frage nach dem Tod eine das Leben des Menschen buchstäblich begleitende Frage und damit eine der echten Lebensfragen. Lebensfragen sind ja nicht die Fragen, die wir dem Leben stellen; Lebensfragen sind die Fragen, die das Leben uns stellt. Fragen, die Lebensfragen sind, brauchen Antworten, die Lebensantworten sind, und so gewiss es ist, dass wir Menschen die Lebensfrage, die uns durch die Wirklichkeit des Todes gestellt ist, zu beantworten haben, so ungewiss ist es, wie wir sie beantworten können.

Die Kunst, deren Sache es ist, uns zu sagen, wie es gelingen kann, mit der Tatsache des Todes *um*gehen zu können, da wir sie nicht um*gehen* können, ist die Kunst des Sterbens. Sie ist eine Kunst, die dabei ist, wieder gekannt und gekonnt zu werden. Denn mehr und mehr Menschen erkennen die »Pathologie des Zeitgeistes« (Viktor E. Frankl), die auch darin besteht, dass der Umgang, den unsere Zeit mit dem Sterben und dem Tod hat, kein unproblematischer Umgang ist.

Die Kunst des Sterbens als essentiellen Teil der Kunst des Lebens wieder ins Gespräch zu bringen, ist das, was dieses Buch will. Seine Grundthese ist inspiriert durch eine kleine jüdische Geschichte, die diese Begebenheit erzählt:

Ein Rabbi sagte einmal zu seinen Schülern: »Tut Buße einen Tag vor Eurem Tod!« Darauf fragte ihn einer seiner Schüler: »Weiß denn der Mensch, an welchem Tag er sterben muss?« Darauf antwortete der Rabbi: »Eben darum kehre er heute um, vielleicht muss er morgen sterben. So lebt er alle Tage so die Umkehr. So lebt er jeden Tag, als wäre es der letzte.«

Was die Geschichte deutlich macht, ist: Die Sache der Kunst des Sterbens ist keine Sache, die an das Ende des Lebens gehört. Es ist eine Sache, die in die Mitte des Lebens gehört. Was es heißen kann und darf, buchstäblich mitten im Leben das Sterben zu lernen, ist das eigentliche Thema dieses Buches, in dem eine Vernunft am Werke ist, die mal eine erzählende, mal eine philosophisch-theologische, mal eine spirituelle, mal eine bildlich-ästhetische, mal eine begrifflich-ethische Vernunft ist. Immer jedoch ist es eine existentielle Vernunft, die Seite für Seite bemüht ist, jeden bzw. jede dafür zu gewinnen, sich selbst die Frage zu beantworten, wie in der Lebenslogik seiner bzw. ihrer Existenz die Kunst des Sterbens beheimatet werden kann.

»Glühende Rätsel« – so lautet der Titel eines Gedichtbandes der jüdischen Dichterin Nelly Sachs (1891–1970). Für sie war es keine Frage, dass der Tod unter den glühenden Rätseln des Lebens keines der kleinsten Rätsel ist. Die Kunst, die uns des Rätsels Lösung, das der Tod ist, so nicht nahe, so doch näher bringt – denn ganz enträtseln lässt sich der Tod gewiss nicht –, ist die Kunst des Sterbens. Wer es in dieser Kunst zu etwas bringen will, braucht Zeit – viel, viel Zeit. Diese Zeit sei jedem Leser und jeder Leserin des Buches gewünscht, und das so, wie es ein in Georgien üblicher Trinkspruch tut. Da trinkt der Gastgeber auf den Baum, aus dem einmal der Sarg seines Gastes gemacht wird, und spricht dazu stets den Wunsch aus: »Möge dieser Baum noch 100 Jahre wachsen!«

Ostern 2001

BERNHARD SILL
RENÉE RAUCHALLES

VERSÖHNUNG

Wenn Leben beginnt
wenn Zukunft aus
unschuldgem Anfang
groß und leuchtend
wie eine goldene Kugel
scheinbar ins Endlose rollt
wartet der Tod
wartet er geduldig in uns
wächst langsam
tickt in der Uhr
ohne Zeiger so lange
die Feder sich spannt

Erst wenn aus dem
Leben der andren
seine furchtbare Größe
heraustritt wird der
dunkle Bruder in uns
der Verfluchte
den wir verleugnen am Tag
vor dessen Schimären
der Schlaf flieht
den wir ohne jegliche
Aussicht auf Trennung
zum Grab des Lichts
unseres Wissens um
unsere Bestimmung machen

Erst wenn wir lernen
ihm die Rose des Lebens
anzuvertrauen
wird er zum Freund
teilen wir mit ihm die
Einheit unseres Seins

Doch niemals gehört
uns der Tod eines andren

Marthel Kessler

EINLEITUNG

EINE KUNST FÜR »JEDERMANN«. PLÄDOYER FÜR EIN »COMEBACK« DER KUNST DES STERBENS

Der Tod bleibt sich immer gleich,
doch jeder Mensch stirbt seinen eigenen Tod.
Carson McCullers

1 DIE KUNST DES STERBENS IN GESCHICHTE UND GEGENWART

Wer sind wir Menschen? Wir Menschen sind die, die wissen, dass sie, wie es der Dichter Gottfried Benn (1886–1956) einmal gesagt hat, das »Gen des Todes« in sich tragen. Um*gehen* lässt sich diese Tatsache nicht. Doch wie mit dieser Tatsache *um*gehen? Es ist die Kunst des Sterbens, die uns Menschen dazu befähigen will und kann, einen guten Umgang mit der Wirklichkeit unseres Todes zu haben, und über diese Kunst heißt es, sie gewinne in unseren Tagen neue Meister und neue Schüler.

Einer der bedeutendsten protestantischen Kirchenlieddichter, Paul Gerhardt (1607–1676), beschließt sein wohl bekanntestes Lied »O Haupt voll Blut und Wunden« mit diesen beiden Strophen:

Wenn ich einmal soll scheiden,
so scheide nicht von mir.
Wenn ich den Tod soll leiden,
so tritt du dann herfür.
Wenn mir am allerbängsten
wird um das Herze sein,
so reiß mich aus den Ängsten
kraft deiner Angst und Pein.

Erscheine mir zum Schilde,
zum Trost in meinem Tod
und laß mich sehn dein Bilde
in deiner Kreuzesnot.
Da will ich nach dir blicken,
da will ich glaubensvoll,
dich fest an mein Herz drücken.
Wer so stirbt, der stirbt wohl.

Paul Gerhardt, dieser »Theopoet« aus dem 17. Jahrhundert, sah sich offensichtlich ohne jede Schwierigkeit in der Lage, Vers für Vers und Reim für Reim auf den Punkt zu bringen, wie man »so« stirbt, dass man »wohl« stirbt, und so weiß sein Lied das Lob der Kunst zu singen, die will, dass die Menschen »so« sterben, dass sie »wohl« sterben. Wann immer Menschen »wohl« sterben, ist die Kunst des guten Sterbens gekannt, geübt und gepflegt und daher dann eben auch gekonnt.

Die Chronik der laufenden Ereignisse meldet jedoch die wenig gute Nachricht, dass unserer Zeit diese Kunst fehlt. Romano Guardini (1885–1968) gab zu bedenken, dass »eine wissendere Zeit« diese Kunst durchaus gepflegt habe. Und der in Prag lebende und lehrende Philosoph Milan Machovec (* 1925) schrieb in seinem Buch »Vom Sinn des menschlichen Lebens« den Satz: »Es gehört zu den bedenklichsten Merkmalen des modernen Menschen, daß er nicht zu sterben versteht.« Dieser Satz, dem Zeitgeist ins Gesicht gesagt, geht mit eben diesem Zeitgeist ins Gericht, ist für den tschechischen Philosophen unsere Zeit doch – leider – eine Zeit, der das Verständnis für die Kunst, die sich aufs Sterben versteht, mehr und mehr abgeht, was seinen Grund darin haben mag, dass der Geist dieser Zeit und der Geist dieser Kunst einfach wenig kompatibel sind.

Unüberhörbar ist auch die Stimme des Schweizer Schriftstellers Friedrich Dürrenmatt (1921–1990). Der schreibt 1952 sein Hörspiel »Nächtliches Gespräch mit einem verachteten Menschen«, das 1957 dann in Zürich erscheint. Der Untertitel dieses Hörspiels, das ganz im Zeichen der Lebensfrage, die die Todesfrage ist, steht, lautet: »Ein Kurs für Zeitgenossen«. Thema des Kurses ist die Kunst des Sterbens. Was zu dieser Kunst zu sagen ist, wird im Hörspiel so zu Gehör gebracht:

DER ANDERE: Es ist gewissermaßen die Kunst des Sterbens, nach der Sie fragen.

DER MANN: Dies scheint die einzige Kunst zu sein, die wir heute lernen müssen.

DER ANDERE: Ich weiß weder, ob man diese Kunst lehren kann, noch wie man sie lernt. Ich sehe nur, daß sie einige besitzen und viele nicht, daß Stümper in dieser Kunst zu mir kommen und große Meister.

Mag sein, dass sich die Menschen früher »leichter taten als wir« (Arthur E. Imhof), die Kunst des Sterbens zu beherrschen. Leicht getan haben auch sie sich gewiss damit nicht, denn sie war und ist keine leichte Kunst. Doch gilt auch in Bezug auf die schwere Kunst des Sterbens das, was der Dichter Rainer Maria Rilke (1875–1926) in einem Brief an den jungen Dichter Franz Xaver Kappus (1883–1966) sagt, »daß wir uns an das Schwere halten müssen«, denn »daß etwas schwer ist, muß uns ein Grund mehr sein, es zu tun«.

2 »Einübung« und »Ausübung« der Kunst des Sterbens

Wann und wo man sich in der Gegenwart auf das Ein- und Ausüben der Kunst des Sterbens besinnt, wird die Frage nach dem »Ort« dieses »Studiums« und »Exercitiums« stets so beantwortet, dass das Leben selbst dieser »Ort« sei. Wie die Geschichte lehrt, ist diese Sicht der Dinge eigentlich immer üblich gewesen. So empfahl etwa der Reformator Martin Luther (1483–1546), der sich zu seiner Zeit auch um eine »Reformation« der Kunst des Sterbens bemühte, in seinem im Herbst des Jahres 1517 geschriebenen »Sermon von der Bereitung zum Sterben«, sich »im Leben mit des Todes Gedanken (zu) üben«, wenn der Tod »noch fern« sei. Was er sagen wollte, war, dass die Kunst des Sterbens so »ver-ort-et« sein muss, dass ihr Sitz das Leben selbst ist.

Wenn der Dichter Gottfried Keller (1819–1890) daher eine der Figuren seiner Novelle »Das Fähnlein der sieben Aufrechten« einmal sagen lässt, es zieme sich, »in kräftiger Lebensmitte zuweilen an den Tod zu denken«, dann bringt er damit genau das auf den Punkt, was einfach als eine unaufhebbare und unaufgebbare Regel jeder Kunst des Sterbens zu gelten hat.

Auch der Schweizer Psychologe Carl Gustav Jung (1875–1961) pflichtet dieser Sicht der Dinge bei. Dieser Fachmann für die Dinge des Seelischen, der sich wiederholt dem Thema »Seele und Tod« gewidmet hat, hat immer wieder betont, dass das Reifen der Seele in der zweiten Hälfte des Lebens auch ein »Reif werden zum Tode« (Elisabeth Kübler-Ross) sein müsse. Gerade unter dem Gesichtspunkt seelischer Reifung kann und darf die Frage nach dem Leben nicht ohne die Frage nach dem Tod beantwortet werden. Mit Erreichen der Mitte seines Lebens muss der Mensch einfach wissen, dass er künftig nur der Vertraute des Lebens sein kann, wenn er auch der Vertraute des Todes ist.

Die Zeit, da es *ans Sterben* geht, ist nicht die Zeit der Einübung *ins Sterben*. Die eigentliche Lehrzeit der Kunst des Sterbens ist nicht die Stunde des Todes. Die eigentliche Lehrzeit der Kunst des Sterbens sind die Stunden des Lebens, in denen der Mensch »ein Einverständnis … mit seiner Sterblichkeit« zu erreichen sich bemüht, wie der österreichische Schriftsteller Peter Handke (* 1942) in seinem Buch »Versuch über den geglückten Tag. Ein Wintertagtraum« sagt.

»Wenn man es in irgendeiner Kunst zur Meisterschaft bringen will, muß man ihr sein ganzes Leben widmen«, hat der international bekannte Psychoanalytiker und Sozialpsychologe Erich Fromm (1900–1980) einmal gesagt. Tatsächlich verhält es sich so, und gerade jene Künste, bei denen es stets ums Ganze geht, sind dafür Beleg genug. Neben der Kunst des Lebens und der Kunst des Liebens ist die Kunst des Sterbens eine dieser Künste. Wo es jeweils ums Ganze geht, empfiehlt es sich, auch aufs Ganze zu gehen und keine halben Sachen zu machen. Es war die 1970 zur Kirchenlehrerin erhobene spanische Mystikerin Teresa von Ávila (1515–1582), die sich auch als eine große Lehrerin der Kunst des Lebens, des Liebens und des Sterbens erweist, wenn sie den geistlichen Rat gibt:

> Sein Leben ganz leben,
> seine Liebe ganz lieben,
> seinen Tod ganz sterben.

Gut beraten ist daher jede und jeder, bei der schweren Kunst des Sterbens das Prinzip »Ganzheit« nicht zu übersehen und nicht zu übergehen. Weniger als ganz wäre nicht genug.

Kapitel I

Ein eigener Tod zu einem eigenen Leben

1 » … nicht den Tod der Ärzte«

Die These, große Dichtung sei immer auch »Todesdichtung« (Eugen Biser), findet im Blick auf das Werk des in Prag geborenen Dichters Rainer Maria Rilke (1875–1926) ihre volle und ganze Bestätigung. Die Frage nach dem Tod durchzieht sein gesamtes dichterisches Schaffen, ist elementarer Teil seiner großen Fragegebärde nach den Dingen und Bezügen des Lebens.

Bestimmt und begleitet hat den Dichter die Lebensfrage nach dem Tod sein ganzes Leben über. Und das fing schon recht früh an, wie eine Jugenderinnerung, die er in einem Brief an Paula Becker am 5. November 1900 zu Papier gebracht hat, belegt:

> Die ersten Novembertage sind für mich immer katholische Tage. Der zweite Novembertag ist der Tag von Allerseelen, den ich bis zu meinem 16. oder 17. Jahr immer, wo ich auch gerade gewohnt haben mag, auf Kirchhöfen verbrachte, an fremden Gräbern oft und oft an den Gräbern von Verwandten und Vorfahren, an Gräbern, die ich mir nicht erklären konnte und über die ich nachdenken mußte in den wachsenden Winternächten. Damals kam mir wohl zuerst der Gedanke, daß jede Stunde, die wir leben, eine Sterbestunde ist für irgendwen und daß es wohl sogar mehr Sterbestunden als Stunden der Lebendigen gibt. Der Tod hat ein Zifferblatt mit unendlich vielen Zahlen …

Fehlende oder mangelnde »Todeskontakte« gab es demnach bereits für den jungen Rilke nicht. Davon, dass zwischen ihm und der Tatsächlichkeit des Todes eine »Kontaktsperre« bestanden hätte, kann jedenfalls keine Rede sein. Und auch der späte Rilke hat diesen »Kontakt« nicht gescheut und nicht gemieden, und zwar ganz bewusst nicht. Denn sein Leben lang wollte er eines unbedingt sein: »ein Schüler des Todes«, was er tatsächlich auch gewesen ist.

Rainer Maria Rilke starb im Alter von 51 Jahren am 29. Dezember 1926. Der sterbenskranke Dichter, der an einer besonders schmerzhaften Form der Leukämie litt, lehnte jede Einnahme schmerzstillender Mittel ab. Diesen Entschluss hat er nach dem Zeugnis derer, die bei seinem Sterben zugegen waren, bis zuletzt durchgehalten. Er tat dies offenkundig mit Bedacht, denn ihm war ganz und gar nicht gleichgültig, wie er aus seinem Leben schied. Er wollte »seinen« Tod haben, »seinen« Tod sterben, und die Bitte darum war wohl die letzte große Bitte, die er auf seinem Sterbelager aussprach.

Nanny Wunderly-Volkart, mit der Rilke befreundet war und die auch bei seinem Sterben zugegen war, hat den Wortlaut seiner Bitte in einem Brief vom 16. Februar 1927 exakt zu Papier gebracht:

> Er, der Liebe, wandte sich immer mehr vom Leben ab. Er wollte niemanden sehen. Aber es war ihm recht, daß ich blieb. Einmal sagte er mir plötzlich: Liebe, helfen Sie mir zu meinem Tod, ich will nicht den Tod der Ärzte – ich will meine Freiheit haben.

Wem daran liegt, den Sinn der Bitte zu begreifen, die Rilke damals, als er sich in dichtester Nähe seines Todes befand, äußerte, der muss sich kundig machen in den Dingen, die der Dichter Vers um Vers und Zeile um Zeile als die Dinge des Todes sprachlich zu (er)fassen suchte. Denn Rainer Maria Rilke starb als jemand, der sich dichtend wieder und wieder auf den Tod eingelassen und dabei stets auch die Idee eines gut gestorbenen Todes bedacht hatte. In seinem dichtenden Denken bzw. denkenden Dichten nahm diese Idee nach und nach eine immer deutlichere Gestalt an, war doch sein Schreiben über den Tod ein einziges Schreiben auf diese Idee zu.

Rilke selbst hat ausdrücklich und ausführlich Gründe dafür benannt, warum ihm das Thema des Todes, das sein gesamtes Schaffen durchzieht, keine Ruhe gelassen hat. In einem Brief an Franz Xaver Kappus (1883–1966) vom 14. Mai 1904 schreibt er dem jungen Dichterkollegen, dass sowohl »für den Tod« als auch »für die Liebe«, die beide schwer sind, »noch keine Aufklärung, keine Lösung, weder Wink noch Weg erkannt worden ist«. Wie die Liebe erscheint dem Dichter Rilke auch der Tod noch gänzlich unbewältigt, und gerade dieses Defizit, das er zu spüren glaubt, ist ihm Grund genug, sich mit ihm zu befassen. »Wenn wir immerfort im Lieben unzulänglich … und dem Tode gegenüber unfähig sind«, schreibt Rilke in einem Brief vom 8. November 1915 an Lotte Hepner, »wie ist es dann möglich da zu sein?« Doch kann er diese Frage nicht stellen, ohne zugleich sein »ganzes Staunen auszuschreiben darüber, daß die Menschen seit Jahrtausenden mit Leben umgehen … und dabei diesen ersten unmittelbarsten, ja genau genommen einzigen Aufgaben (: denn was haben wir anderes zu tun, noch heute und wie lange noch?) so neulinghaft ratlos, so zwischen Schrecken und Ausrede, so armsälig gegenüberstehen«.

Rilkes Interesse daran, was es mit der Liebe und dem Tod auf sich hat, richtet sich demnach ausdrücklich auf die Praxis des gelebten Lebens. Denn das zu Beklagende ist für ihn ja das offenkundige Fehlen eines Lebenswissens, das sich in der Praxis des Lebens bewährt: Geschicklichkeit und Können in den Dingen des Liebens und des Sterbens. Des Dichters Problemanzeige meldet – leider – in beiden Fällen Fehlanzeige. Gekonnt ist nicht die Liebe, gekonnt ist nicht der Tod.

Wie der Dichter (sich) eine Kunst des Liebens unter den Menschen wünschte, so auch eine Kunst des Sterbens. Was Letztere betrifft, so war er willens, seinen Teil dazu beizutragen, das Gelingen dieser auch in seiner Sicht der Dinge immer schweren Kunst zu befördern. Getan hat er das in etlichen seiner Werke, besonders jedoch in diesen: »Das Buch der Bilder«, »Das Stunden-Buch«, »Die Aufzeichnungen des Malte Laurids Brigge«, »Duineser Elegien«. Jedes dieser Werke ist ein Pladoyer dafür, dass die Kunst des Sterbens wieder gekannt und wieder gekonnt sei.

2.1 Der »grosse« Tod

»Media vita in morte sumus« – »Mitten im Leben sind wir im Tod«, lautet die alte – wahrscheinlich auf Notker Balbulus (um 840–912) zurückgehende – Sentenz. Rainer Maria Rilke hat sie in seinem Gedichtband »Das Buch der Bilder« aufgegriffen, bestätigt und bekräftigt:

Der Tod ist groß.
Wir sind die Seinen
lachenden Munds.
Wenn wir uns mitten im Leben meinen,
wagt er zu weinen
mitten in uns.

Das für seine »Thanatologie« so charakteristische Grunddatum der Immanenz des Todes im Leben, das Rilke hier programmatisch ausspricht, kündigt sich bereits in seinem 1899 in einer Zeitschrift veröffentlichten Theaterstück »Die weiße Fürstin. Eine Szene am Meer« in einem sinnträchtigen bildlichen Vergleich an. Denn da hat er die Zeilen gedichtet:

Sieh, so ist Tod im Leben. Beides läuft
so durcheinander, wie in einem Teppich
die Fäden laufen; und daraus entsteht
für einen, der vorübergeht, ein Bild.

Hier das Leben – da der Tod. Gegen diese Vorstellung hat sich Rilke immer wieder gewandt. Wenn er zum Bild der Lebens- und Todesfäden greift, erinnert das an jene in der Mythologie beheimateten weiblichen Göttergestalten der Parzen, die bekanntlich, wenn die Stunde des Todes gekommen ist, den Lebensfaden durchschneiden. Rilkes Lehre vom Leben und vom Tod scheut sich nicht, diese alte Sicht in Frage zu stellen und für eine neue, die die Fäden des Todes schon im Gewebe des Lebens selbst gewoben sieht, zu werben.

Wie der Gedanke der Immanenz des Todes im Leben im Detail zu sehen ist, sagt dann »Das Stunden-Buch«. Als Rilke am »Stunden-Buch« dichtet, steht er noch unter dem ihn mächtig irritierenden Eindruck, den das Erleben der Großstadt Paris auf ihn gemacht hat. Gärten des Menschlichen sind die Gefilde der Großstadt für den Dichter keinesfalls. Für ihn sind sie doch einigermaßen fragwürdige Gebilde, und Grund genug, das so zu sehen, ist ihm der großstädtische »Way of Death«.

Über »die Hospitäler« der Großstädte, wo Menschen »angstvoll auf den Einlaßtag« warten, sagt er:

> Dort ist der Tod. Nicht jener, dessen Grüße
> sie in der Kindheit wundersam gestreift,
> der kleine Tod, wie man ihn dort begreift;
> ihr eigener hängt grün und ohne Süße
> wie eine Frucht in ihnen, die nicht reift.

Im und am großstädtischen Leben ist dem Dichter die schwindende Präsenz dessen aufgegangen, was seine dichterische Sprache den »großen Tod« nennt. Diesen Tod gibt es da nicht bzw. nicht mehr, was der Dichter bedauert, denn gerade der »große Tod« wäre der Tod, den zu sterben hieße, einen guten Tod zu sterben:

> Denn wir sind nur die Schale und das Blatt.
> Der große Tod, den jeder in sich hat,
> das ist die Frucht, um die sich alles dreht.

Dass Rilkes Dichtung gern mit dem Begriffspaar »groß – klein« arbeitet, ist bekannt. »Groß« meint bei ihm immer Eigentlichkeit, »klein« stets Uneigentlichkeit – so auch in diesem Fall.

Immanenz des Todes im Leben heißt – so spezifiziert der Dichter jetzt im »Stunden-Buch« seine These –: der Tod ist dem Leben immanent als ein reifender; jedenfalls sollte dem so sein. Für Rilke macht gerade das die »differentia specifica« (den besonderen Unterschied) zwischen »kleine(m) Tod« und »große(m) Tod« aus, dass jener »grün und ohne Süße« ist, während dieser sich als reife und süße Frucht vom Lebensbaum pflücken lässt.

Wie die Frucht nicht von außen her, sondern von innen her zur Reife gelangt, so ist der Tod dem Leben von innen, nicht von außen zugehörig. Folglich muss der »Sitz im Leben«, den die Kunst des Sterbens innehaben muss, »mitten im Leben« sein. Wer sich in der Kunst des Sterbens übt, ist daher willens, die »große« Lebensaufgabe zu meistern, den »großen Tod« zu reifen, der dann jedes Sterben ein gutes Sterben werden lässt. Deshalb muss es die Kunst des Sterbens wieder geben. Für Rilke ist sie die »große« Kunst, den »großen Tod« zu sterben, da einzig dieser Tod »guter Tod« ist. Das ist ihm so dringlich, dass er, für den der »große Tod« immer auch der »eigene Tod« als die »Frucht« eines »eigenen« Lebens ist, sich nicht scheut, betend um diesen Tod zu bitten. Das berühmte Gebet des »Stunden-Buchs« lautet:

> O Herr, gib jedem seinen eignen Tod.
> Das Sterben, das aus jenem Leben geht,
> darin er Liebe hatte, Sinn und Not.

Die gebetete Bitte Rilkes ist wohl so zu lesen: DER, an den sie sich richtet, möge der Kunst des Sterbens das Gelingen schenken, das sie braucht, denn weniger akzidentell als substantiell gefährdet erschien dem Dichter das Gelingen dieser schweren Kunst durchaus.

2.2 Der »eigene« Tod

Rilkes Roman »Die Aufzeichnungen des Malte Laurids Brigge«, an dem der Dichter von gelegentlichen Unterbrechungen abgesehen fast sechs Jahre gearbeitet hatte, erschien gleich im Jahre seiner Fertigstellung 1910 in Leipzig. Der Form nach handelt es sich bei diesem Roman um einen Tagebuchroman. Als Tagebuchschreiber gibt sich dem Leser ein achtundzwanzigjähriger Däne zu erkennen, den das Schicksal nach dem Tod seiner Eltern in die Großstadt Paris verschlagen hat, wo er künftig als Dichter zu leben gedenkt.

Der gerade in Paris ansässig gewordene junge Dichter sieht sich der Großstadt Paris, die mit dem Leben und dem Tod der Menschen kein Erbarmen kennt, schonungslos ausgesetzt. Eine Textpassage des Romans, die das schreckliche Gesicht der Tode zeichnet, die in dem bekannten Hôtel-Dieu, dem alten Krankenhaus der Großstadt Paris, tagaus tagein gestorben werden, spiegelt die beklemmenden Eindrücke, denen sich der junge Däne ausgeliefert sieht, überdeutlich:

> Dieses ausgezeichnete Hôtel ist sehr alt, schon zu König Chlodwigs Zeiten starb man darin in einigen Betten. Jetzt wird in 559 Betten gestorben. Natürlich fabrikmäßig. Bei so enormer Produktion ist der ein-

zelne Tod nicht so gut ausgeführt, aber darauf kommt es auch nicht an. Die Masse macht es. Wer giebt heute noch etwas für einen gut ausgearbeiteten Tod? Niemand. Sogar die Reichen, die es sich doch leisten könnten, ausführlich zu sterben, fangen an, nachlässig und gleichgültig zu werden; der Wunsch, einen eigenen Tod zu haben, wird immer seltener. Eine Weile noch, und er wird ebenso selten sein wie ein eigenes Leben. (...) Man stirbt, wie es gerade kommt; man stirbt den Tod, der zu der Krankheit gehört, die man hat (denn seit man alle Krankheiten kennt, weiß man auch, daß die verschiedenen letalen Abschlüsse zu den Krankheiten gehören und nicht zu den Menschen; und der Kranke hat sozusagen nichts zu tun).

In den Sanatorien, wo ja so gern und mit so viel Dankbarkeit gegen Ärzte und Schwestern gestorben wird, stirbt man einen von den an der Anstalt angestellten Toden; das wird gerne gesehen.

Sterbekunst, verstanden als die Fähigkeit, »einen gut ausgearbeiteten Tod« zu sterben, scheint im Leben der Großstadt Paris keinen Platz mehr zu haben. Doch hat Malte Laurids Brigge noch seine Erinnerung daran, wie in der Heimat alles doch ganz anders war. Dieses »totaliter aliter« (ganz [total] anders), das in seiner Erinnerung aufsteigt und gleich deutliche Konturen annimmt, formuliert der junge Däne so:

Wenn ich nach Hause denke, wo nun niemand mehr ist, dann glaube ich, das muß früher anders gewesen sein. Früher wußte man (oder vielleicht man ahnte es), daß man den Tod *in* sich hatte wie die Frucht den Kern. (...) Den *hatte* man, und das gab einem eine eigentümliche Würde und einen stillen Stolz.

Es gab einmal durchaus, so behaupten jedenfalls »Die Aufzeichnungen des Malte Laurids Brigge«, Menschen, denen war der Gedanke der Immanenz des Todes im Leben noch geläufig. Innerhalb der Mauern der Großstadt Paris scheint dieser Gedanke früher oder später abhanden gekommen zu sein und damit dann wohl auch der Gedanke, dass der »eigene Tod« ein Tod ist, der erarbeitet sein will, und dass die Kunst, deren Sache dieser Tod ist, die Kunst des Sterbens, wieder zu (er)lernen ist.

Ein »fabrikmäßig(es)« Sterben hat für Rilke mit der Kunst des Sterbens nichts zu tun. Für diese Kunst etwas geben – so lässt er den jungen dänischen Dichter sagen – heißt: etwas für »einen gut ausgearbeiteten Tod« geben, heißt: die Frage nach dem »eigenen Tod« nicht von der Frage nach dem »eigenen Leben« abkoppeln, heißt – alles in allem –: sich, was das »eigene Leben« und den »eigenen Tod« angeht, nicht enteignen zu lassen.

2.3 Der »vertrauliche« Tod

Die im Zeitraum zwischen 1912 und 1922 entstandenen und 1923 erschienenen »Duineser Elegien« Rilkes gelten als Gipfel seines dichterischen Schaffens. Der Dichter selbst fühlte sich weniger als ihr Schöpfer denn als ihr Empfänger. Er schrieb sie nieder wie ein Diktat, und obgleich manche seiner Themen und Thesen, die ihn ein Leben lang bewegt und begleitet haben, in den »Duineser Elegien« wieder einmal Sprache geworden sind, sind sie dennoch schwere Kost für den Leser.

In seiner »Abschied von Rilke« betitelten und am 20. Februar 1927 im Münchner Stadttheater gehaltenen Rede sagte Stefan Zweig (1881–1942), die »Duineser Elegien« seien »brüderliche Gegenrede mit dem Tode«. Geboren sind sie aus dem Entschluss, wie Rilke selbst einmal in einem seiner Briefe über sie sagte, »das Leben gegen den Tod hin offen zu halten« und es nicht gegen ihn abzuschließen. Der thematische Bogen, der sich von der ersten bis zur zehnten Elegie spannt, ist der der Einheit von Leben und Tod. Mustergültig bringt Rilke seine in den »Duineser Elegien« gewonnene Sicht in einem seiner Briefe an seinen polnischen Übersetzer Witold Hulewicz auf den Punkt, wenn er schreibt: »Lebens- und Todesbejahung erweist sich als Eines in den »Elegien«.

Rilkes Sichtweise auf Leben und Tod ist keineswegs nur »Klagegesang« auf die Dinge, die im Bezug des Daseins zum Tode nicht bzw. nicht mehr stimmen. Das Gegenteil ist der Fall. Die dichterische »Todeslehre«, die er in seinen »Duineser Elegien« zu geben sucht, beschränkt sich nicht darauf zu sagen, wogegen sie ist. Sie sagt durchaus auch, wofür sie ist. Zwar stimmt es, dass Rilkes Gedankenbewegung in der Regel eher beim »Defekten« als beim »Perfekten« ansetzt, doch bringt der Dichter neben dem »Negativen« Mal um Mal stets auch das »Positive« zur Sprache.

Die neunte der »Duineser Elegien« ist dafür ein Exempel par excellence. Diese Elegie lässt in der Tat ein »positives« Gegenbild zu den

»negativen« Bildern des Todes sichtbar werden, das sich sehen lassen und das Rilke darum gar nicht genug rühmen kann:

> Erde, du liebe, ich will. Oh glaub, es bedürfte
> nicht deiner Frühlinge mehr, mich dir zu gewinnen –,
> *einer,*
> ach, ein einziger ist schon dem Blute zu viel.
> Namenlos bin ich zu dir entschlossen, von weit her.
> Immer warst du im Recht, und dein heiliger Einfall
> ist der vertrauliche Tod.

Wieder ganz im Bannkreis des »Negativen« bewegt sich dann die zehnte der »Duineser Elegien«, in der sehr bald die Rede auf »die Gassen der Leid-Stadt« kommt und selbstverständlich auch darauf, wie es dort um den Tod bestellt ist. Bedenkliches steht da zu lesen:

> .... Oh aber gleich darüber hinaus,
> hinter der letzten Planke, beklebt mit Plakaten des ‚Todlos',
> jenes bitteren Biers, das den Trinkenden süß scheint,
> wenn sie immer dazu frische Zerstreuungen kaun ...,
> gleich im Rücken der Planke gleich dahinter, ist's
> *wirklich.*

Die »Leid-Stadt« zerfällt gewissermaßen in zwei Bezirke: in eine Welt des Scheins und in eine Welt des Seins. Getrennt sind diese beiden Bezirke durch eine Planke, von der es heißt, sie sei mit Plakaten beklebt, welche für ein Bier werben, das bezeichnenderweise »Todlos« heißt. Der Genuss dieses Bieres versetzt den Menschen in einen Rausch, der ihn den Tod vergessen lässt, und vielleicht wird es gerade deshalb auch so gern getrunken. Jedenfalls ist der städtische Bezirk, in dem das »Todlos« genannte Getränk getrunken wird, die Welt des Scheins, in der die Menschen jede Menge Zerstreuung suchen und den letzten Rest einer Option auf eine Welt des Seins aufgegeben haben.

Es ist in der Tat ein düsteres Bild, das Rilke in der letzten seiner »Duineser Elegien« zeichnet. Jedoch ist es auch ein Bild, das noch einmal in aller Scharfe die Frage nach dem aufruft, wie denn in den Bezirken einer Welt des Seins der Bezug des Menschen zum Tode zu denken sei.

2.4 Der »sanfte« Tod

Es ist immer wieder einmal gesagt worden, auf dem Gipfel der Kunst des Sterbens sei der angelangt, der wie Franz von Assisi (1181/82–1226) den Tod als »Bruder« begrüßen könne und damit endgültig das »Feindbild Tod« begraben habe. Ganz in diese Richtung hat der späte Rilke auch gedacht, und ein eindeutiger Beleg dafür ist ein Brief vom Dreikönigstag 1923, den er damals an die Gräfin Margot Sizzo-Noris-Crouy schrieb. In diesem Brief, der ihm unter der Feder zu einem »Essay über den Tod« (Theodore Ziolkowski) gerät, spricht der Dichter in dichtester sprachlicher Form die Dinge an, die zu sagen ihm im Blick auf den Tod stimmig und gültig zu sein scheinen:

> Ich will nicht sagen, daß man den Tod *lieben* soll; aber man soll das Leben so großmütig, so ohne Rechnen und Auswählen lieben, daß man unwillkürlich ihn (des Lebens abgekehrte Hälfte) immerfort miteinbezieht, ihn mitliebt – was ja auch tatsächlich in den großen Bewegungen der Liebe, die unaufhaltsam sind und unabgrenzbar, jedes Mal geschieht! Nur weil wir den Tod ausschließen in einer plötzlichen Besinnung, ist er mehr und mehr zum Fremden geworden, und da wir ihn im Fremden hielten, ein Feindliches.
>
> (…) Voreingenommen, wie wir es *gegen* den Tod sind, kommen wir nicht dazu, ihn aus seinen Entstellungen zu lösen … glauben Sie nur, liebe gnädige Gräfin, daß er ein *Freund* ist, unser tiefster, vielleicht der einzige durch unser Verhalten und Schwanken niemals, niemals beirrbarer Freund …

Das ist der »Glaube«, das ist das »Credo« des Dichters Rainer Maria Rilke: dass dort, wo es gelingt, den Tod »aus seinen Entstellungen zu lösen«, dieser sich dem Menschen als »Freund« und nicht als »Feind« zu erkennen gibt. Solche Rede hat zweifelsfrei »confessorischen« (bekennenden) Charakter und den soll sie auch haben. Denn damit bestätigt und bekräftigt der Dichter noch einmal grundlegend, in welches Licht er den Tod gerückt sehen will und mit ihm das Leben. Der Mensch soll so gut er eben kann, den Tod in seine Liebe zum Leben einschließen, da dieser als »des Lebens abgekehrte Hälfte« zur Einheit und Ganzheit des Daseins unabdingbar dazugehört.

Was daher das strenge Ethos einer Kunst des Sterbens, das in der Dichtung Rilkes aufscheint, dem Menschen abverlangt, gründet sich auf diesen »Sinneswandel«, dem der Bezug des Todes zum Leben »freundlich« und nicht bzw. nicht mehr »feindlich« ist. Denn das Gelingen der Kunst des Sterbens steht und fällt damit, ob eben der Tod so – als der feindliche – oder so – als der freundliche und damit als »der vertrauliche Tod« – in den Blick kommt.

Die Kunst des guten Sterbens wurzelt demnach darin, dass es so etwas wie ein Vertrautwerden bzw. dann einmal ein Vertrautsein des Menschen mit dem Tod gibt, das erarbeitet sein will in einem gewiss schweren Prozess des Sich-vertraut-Machens mit dem Tod.

Dass wir Menschen berechtigt und ermächtigt sind, ein großes Vertrauen zu haben, das uns echte Lebenshilfe ist, den Tod zu bestehen, davon spricht Rilke in einem seiner Gedichte, das vielleicht gerade auch aus diesem Grund zu seinen bekanntesten und beliebtesten gehört:

Herbst

Die Blätter fallen, fallen wie von weit,
als welkten in den Himmeln ferne Gärten;
sie fallen mit verneinender Gebärde.

Und in den Nächten fällt die schwere Erde
aus allen Sternen in die Einsamkeit.

Wir alle fallen. Diese Hand da fällt.
Und sieh dir andre an: es ist in allen.

Und doch ist Einer, welcher dieses Fallen
unendlich sanft in seinen Händen hält.

Rilke war gewiss ein religiöser Dichter, doch war er es auf eine diskrete Weise. Er spricht von Einem, der »unbedingt angeht« (Paul Tillich), weil er dort hält, wo alles fällt, und braucht dazu lediglich den einen Satz: »Und doch ist Einer, welcher dieses Fallen / unendlich sanft in seinen Händen hält.« Darin spricht sich das große Vertrauen aus, das es unbedingt gerade dort braucht, wo des Menschen Fähigkeit gefragt ist, sich fallen zu lassen. Die »Urgebärde« der Kunst des guten Sterbens ist demnach jenes in großem »Urvertrauen« wurzelnde Sich-fallen-lassen-Können, das weiß, »sanft« gehalten zu sein.

Zur Kunst des guten Sterbens im Zeichen des sanften Todes – dazu will das Gedicht »Herbst« bewegen. Rilke teilt die Überzeugung derer, die sagen, dass das letzte Können der Kunst des Sterbens geschenktes Können ist, das weiß: Der Tod kann sanft sein, er muss nicht Feind, er kann Freund sein.

Dieses Können lebt immer wieder aus dem begnadeten Urvertrauen, kraft dessen jemand sich – seinen Tod sterbend – in guten Händen weiß. Gute Hände sind für Rilke immer sanfte Hände. Sich in der Sanftheit dieser guten Hände gut aufgehoben zu wissen, darin und nur darin – so die »Logik« des Gedichts »Herbst« – gewinnt sich die Kunst des guten Sterbens als sie selbst.

Die ganze Kunst des guten Sterbens gipfelt demnach in der Gnade des sanften Todes. Der Sterbende gibt sich und sein Leben aus der Hand – darauf bauend, dass da Hände sind, die selbst im Tod, wo die »Hinfälligkeit« des Menschen buchstäblich Ereignis wird, noch Halt geben. Dies und nur dies: an das »Wunder« dieser sanft haltenden Hände zu glauben und dieses »Wunder« an sich geschehen zu lassen, macht das gute Sterben aus, macht das Sterben zu einem guten Sterben.

Kapitel II

Die Einheit der Kunst des Lebens und des Sterbens

Das Interesse an der Kunst des guten Sterbens ist stets das Interesse an der Frage, was uns Menschen dazu befähigt, einen Umgang mit unserem Tod zu haben, der guter Umgang ist. Jemand, dem es offenbar gegeben war, einen guten Umgang mit seinem Tod zu haben, ist Wolfgang Amadeus Mozart (1756–1791) gewesen. Beleg dafür ist ein Brief, den der berühmte Komponist am 4. April 1787 in Wien seinem Vater Leopold Mozart schrieb und in dem diese Zeilen zu lesen sind:

> Da der Tod (genau zu nehmen) der wahre Endzweck unsres Lebens ist, so habe ich mich seit ein paar Jahren mit diesem wahren, besten Freunde des Menschen so bekannt gemacht, daß sein Bild nicht alleine nichts Schreckendes mehr für mich hat, sondern recht viel Beruhigendes und Tröstendes! – Und ich danke meinem Gott, daß er mir das Glück gegönnt hat, mir die Gelegenheit (Sie verstehen mich) zu verschaffen, ihn als den Schlüssel zu unserer wahren Glückseligkeit kennen zu lernen. – Ich lege mich nie zu Bette, ohne zu bedenken, daß ich vielleicht (so jung als ich bin) den andern Tag nicht mehr sein werde. – Und es wird doch kein Mensch von allen, die mich kennen, sagen können, daß ich im Umgange mürrisch oder traurig wäre. – Und für diese Glückseligkeit danke ich alle Tage meinem Schöpfer, und wünsche sie vom Herzen jedem meiner Mitmenschen.

Wolfgang Amadeus Mozart war zum Zeitpunkt, als er diesen Brief schrieb, 31 Jahre alt und bereits in diesem Lebensalter ein glaubwürdiger Zeuge dafür, dass »Freundschaft« mit dem Tod nicht »Feindschaft« mit dem Leben bedeuten muss. Ganz im Gegenteil! So stimmt es denn wohl tatsächlich, was der Philosoph Walter Kaufmann (1921–1980) einmal bemerkt hat:

> Durch das Gefühl, der Tod sei fern und belanglos, werden Leben verdorben und faul. Man lebt besser, wenn man erwartet, beispielsweise mit vierzig Jahren zu sterben, wenn man sich lange vor dem zwanzigsten Geburtstag sagt: Was immer ich werde tun können, sollte ich bis dahin getan haben, und was ich bis dahin nicht getan habe, werde ich wahrscheinlich niemals tun. Man kann nicht sicher sein, daß man vierzig – oder dreißig – Jahre alt wird, aber man führt ein besseres Leben, wenn man ein Rendezvous mit dem Tod ausgemacht hat.
>
> Nicht nur die Liebe kann tiefer, inniger und leidenschaftlicher werden, wenn man erwartet, bald zu sterben, das ganze Leben wird dadurch bereichert.

Es macht demnach einen erheblichen Unterschied, ob jemand sein Leben so führt, als gäbe es den Tod nicht, oder ob jemand die Rechnung seines Lebens ganz bewusst nicht ohne die Tatsache seines eigenen Todes aufmacht. Denn es zeigt sich überraschenderweise, dass stets auch dem Leben etwas angetan wird, wenn so getan wird, als habe der Tod mit dem Leben nichts zu tun.

So oft jemand sein Leben ganz bewusst im Angesicht des Todes lebt, so oft ist das Gewinn für das Leben selbst. Der Gedanke des Menschen an seinen Tod ist – so besehen – nicht nur nicht überflüssig; er ist vielmehr von unschätzbarem Wert für das Gelingen des Lebens, denn die Kraft, die davon ausgeht, ist eine dem Leben Gestalt gebende Kraft.

1 Todesgedanken als Lebensgedanken

Wenn der Gedanke an unseren eigenen Tod ein für das Gelingen des Lebens eminent wichtiger Gedanke ist, dann liegt es buchstäblich nahe, darum betend immer wieder zu bitten, es möge uns gelingen, diesen

Gedanken tatsächlich auch da, wo es geboten ist, zu denken. Wir dürfen uns dabei durchaus der Worte eines Psalms bedienen, und zwar der des Psalms 90,12, die einfach mustergültig sind. Sie lauten:

> Lehre uns bedenken, daß wir sterben müssen,
> auf daß wir ein weises Herz gewinnen!

Jemand, dem sich die Wahrheit dieses Satzes elementar beglaubigt hat, ist Peter Noll (1926–1982), Professor für Strafrecht an der Universität Zürich und ein Freund des Schweizer Schriftstellers Max Frisch, gewesen. Seine »Diktate über Sterben & Tod«, auf Tonband gesprochen in dem Wissen um seinen baldigen Tod, sozusagen als »Log-Buch« (Max Frisch) der letzten zehn Monate seines Lebens, sind Blatt für Blatt ein überzeugendes Plädoyer dafür, wie wahr doch der Satz ist, der besagt: So oft wir unsere Sterblichkeit bedenken, so oft erlangen wir auch die Weisheit des Herzens. Welche Weisheit damit gemeint sein könnte, hat sich Peter Noll selbst wohl etliche Male gefragt. Diktiert hat er das durchaus respektable Ergebnis seines fragenden Denkens unter dem Datum des 6. Februar 1982 in Gestalt dieser Punkte:

1. Die Zeit wird wertvoller, viel wertvoller als Geld, um auf den dummen Vergleich anzuspielen (Zeit ist Geld). Zeit ist alles, Geld ist nichts. (...) Du wirst gegenüber den zahllosen Möglichkeiten des Lebens selektiver sein und nicht einfach diejenigen akzeptieren, die konventionell z. B. zur steileren Karriere führen, oder, wenn du schon ziemlich weit oben bist, nicht Amt auf Amt häufen, nur um überall dabeizusein. Dies ist die vertane, verlorene Zeit, nicht diejenige, die jemand bei einer Frau verbringt oder in Gesprächen mit Freunden. Auf der anderen Seite wirst du weniger Aufgaben auf später verschieben, du wirst nicht ins System passen, nicht übereinstimmen mit dem, was von dir erwartet wird von denjenigen, die das System am Funktionieren erhalten. Zugleich wirst du fragen: Was habe ich vernachlässigt? Was sollte ich mehr pflegen? Was gäbe mehr Sinn? Welche Momente habe ich zuwenig genützt, welche sollte ich mehr nützen? (...)
2. Sehen wir das Leben vom Tode her, werden wir freier, vieles wird leichter, manches intensiver. Etwas zum letztenmal sehen ist fast so gut, wie etwas zum erstenmal sehen. (...)

3. Das Verhältnis zu den anderen wird anders. Daran kannst du so kurz vor dem Tode nicht viel ändern.
Aber vorher. (...)
Geduldiger werden, wo du zu ungeduldig warst, ruhiger, wo du zu unruhig warst, offener und härter, wo du zu nachgiebig und anpassungswillig warst.
Leider finde ich nur banale Sätze: man hört auf, den Dingen nachzurennen; man wird genügsamer, ... man lässt sich nicht mehr einspannen, vermarkten, verterminieren, bis der Terminkalender voll ist.

Der Schriftsteller Martin Walser (* 1927) hat einmal gesagt: »Ein Buch ist für mich wie eine Schaufel, mit der ich mich umgrabe.« So gewiss das nicht für jedes Buch gelten kann, so gewiss gilt es für das Buch, das die »Diktate über Sterben & Tod« des Schweizer Gelehrten Peter Noll enthält. Denn dieses Buch ist bestens geeignet, dass wir uns damit umgraben und dabei auch jene Wahrheit wieder ausgraben, die den Satz des Psalms 90,12 als Grundsatz einer Kunst begreiflich werden lässt, die dann gleichermaßen Kunst des Lebens und Kunst des Sterbens ist.

2 Todesweisheit als Lebensweisheit

»Wandsbecker Bote«. Was ursprünglich eine Zeitschrift meinte, meinte bald eine Person, und diese Person war Matthias Claudius (1740–1815), der seine Bibel aus dem »ff« kannte und dem auch der Psalmvers »Lehre uns bedenken, dass wir sterben müssen, auf dass wir ein weises Herz gewinnen!« kein unbekannter Bibelvers war. Die »Lebensweisheit« dieses Verses, die gleichzeitig »Todesweisheit« ist, hat Matthias Claudius durchaus beeinflusst, so etwa in »Ein gülden A B C«, wo er unter dem Buchstaben »O« die Zeilen dichtet:

> O Herr lehr uns bedenken wohl,
> Daß wir sind sterblich allzumal.

Er selbst, der »Wandsbecker Bote«, hat sich einige Mühe gegeben, diese gewiss schwierige Lektion zu lernen, deren Gewinn immer doppelter Gewinn ist, zahlt er sich doch für die Kunst des Lebens wie für die des Sterbens gleichermaßen aus. Unbeirrbar davon überzeugt, dass der Gedanke an den eigenen Tod kein furchtbarer Gedanke sein muss, doch ein fruchtbarer Gedanke sein kann, schrieb er in seiner kleinen Exegese »Über einige Sprüche des Prediger Salomo«:

Der Tod ist 'n eigener Mann. Er streift den Dingen dieser Welt ihre Regenbogenhaut ab, und schließt das Auge zu Tränen und das Herz zur Nüchternheit auf! Man kann sich von ihm freilich auch verblüffen lassen und des Dinges zu viel tun, und gewöhnlich ist das der Fall, wenn man bis dahin zu wenig getan hat. Aber er ist 'n eigener Mann, und ein guter Professor Moralium! Und es ist ein großer Gewinn, alles was man tut wie vor seinem Katheder und unter seinen Augen zu tun.

So wenig Matthias Claudius das »factum brutum« des Todes schönt, so wenig schont der Dichter seine Leser, die spätestens jetzt – bei der Lektüre dieser Zeilen – wissen, dass alles darauf ankommt, das Studium des Lebens unter dem »Katheder« des Todes zu betreiben. Wie wir leben sollen, wenn wir gut leben wollen, war für den »Wandsbecker Boten« keine Frage: Leben sollen wir so, dass wir bei den Dingen, die wir im Blick haben, stets auch »Blickkontakt« mit dem Tod, dem Ende unseres Lebens, haben.

3 Todesperspektive als Lebensperspektive

Es war der Vater des abendländischen Mönchtums, der heilige Benedikt von Nursia (um 480–547[?]) – er gilt übrigens als Patron für eine gute Sterbestunde –, der in seiner Ordensregel unübersehbar den Satz geschrieben hat:

> Mortem cotidie ante oculos suspectam habere. –
> Den drohenden Tod sich täglich vor Augen halten.

Ein Leben, das sein Ende im Blick hat – das soll das Leben des Mönchs nach dem Willen des heiligen Benedikt sein. Deshalb sollen sich die Mönche Tag für Tag darin üben, dem Gedanken an den Tod tagtäglich einen festen »Sitz im Leben« einzuräumen.

Dass es dem Leben selbst buchstäblich gut tut, wenn der Gedanke an den Tod uns zur guten Gewohnheit geworden ist, haben die »Meister« der Kunst des Lebens und des Sterbens immer wieder betont. So ist denn auch die geistliche Substanz dieser Lebensregel, die der heilige Benedikt als eine von jedem Mönch ein- und auszuübende begriffen sehen will, eine Substanz, die keineswegs nur für das Leben benediktinischer Mönche Gültigkeit besitzen sollte. Wem das Gelingen der Kunst des Lebens und des Sterbens nicht gleichgültig ist, der tut jedenfalls gut daran, den täglichen Gedanken an den Tod nicht zu unterlassen, ihm einen Stammplatz in der Welt seiner Gedanken reserviert zu halten.

Wer immer es gewesen ist, der den Merkvers »Quidquid agas, bene agas, et in omnibus respice finem!« – »Was immer du tust, tu es gut und behalte bei allem das Ende im Blick!« – gedichtet hat, er hat damit einen Maßstab zu Papier gebracht, der sich durchaus in einer gewissen »Wahlverwandtschaft« zur besagten Lebensregel aus der »Regel« des heiligen Benedikt befindet. Leben mit dem Ende im Blick, das heißt: gültige – da end-gültige – Maßstäbe für das eigene Leben zu gewinnen. Gültig im Leben kann letztlich ja nur das sein, was auch endgültig sein kann, und so ist auch das kein gültiger Lebensmaßstab, der nicht endgültiger Lebensmaßstab wäre.

Die großen »Lehrer« der Einheit der Kunst zu leben und der Kunst zu sterben lassen uns immer wieder wissen: Einzig das Leben, das den Tod bedenkt, gewinnt Maßstäbe, die als endgültige Maßstäbe das Leben gewiss zu seinem Besseren formen. Tatsächlich ordnet sich dem, der den Blick auf sein Leben aus der Perspektive seines Todes wagt, das Leben in einer Weise, die sich früher oder später unbedingt auszahlt. Der freie Blick auf den Tod macht den Blick frei für das, was in unserem Leben als einem Leben gezählter Tage wirklich zählen soll. Die »regel«-mäßige Übung, die Dinge des Lebens nicht ohne den Blick auf den Tod zu sehen, sorgt definitiv dafür, dass manches ein anderes Gesicht und auch ein anderes Gewicht bekommt. Denn die Farben der Wirklichkeit, die sich im Licht des Todes zeigen, sind die wahren Farben der Wirklichkeit. Die wahre »Hierarchie« der Dinge unseres Lebens wird uns geschenkt, wenn wir bereit sind, unser Leben im Licht des Todes zu leben.

Wo das Leben so in den Todesbezug gestellt wird, wirkt sich das grundlegend auf die einzelnen Dinge des Lebens aus. Dinge, die bislang Nebensache waren, sind jetzt möglicherweise Hauptsache, und Dinge, die bislang Hauptsache waren, jetzt möglicherweise Nebensache. So wird dafür gesorgt, dass das Primäre auch wirklich das Primäre ist wie das Sekundäre das Sekundäre und das Tertiäre das Tertiäre.

Welche Dinge des Lebens wirklich Gewicht haben und welche nicht, zeigt sich dem, der sie auf die Waagschale des Todes legt. Die Gewichte der Waage des Todes sind so geeicht, dass sie die wahren Wichtigkeiten des Lebens erkennen lassen. Die Waage des Todes schenkt dem, der die Dinge seines Lebens darauf wiegt, den unbestechlichen Blick dafür, ob er sie richtig gewichtet oder nicht. So bietet sich jedem, der sie ergreifen will, die Gelegenheit, die großen Dinge des Lebens wirklich groß und die kleinen Dinge des Lebens wirklich klein sein zu lassen.

Wenn die Maßstäbe der Kunst des Lebens im Licht des Todes gewonnen sind, dann ist damit bereits gewährleistet, dass sie eo ipso auch Kunst des Sterbens ist, denn welches Leben dürfte vertrauter mit dem Tod sein als das, dem der Tod als die dem Leben maßgebende und damit maßgebliche Macht längst vertraut ist?

Verbürgt und verbrieft ist damit die untrennbare Einheit der Kunst des Lebens und der Kunst des Sterbens: »Lebe, wie du, wenn du stirbst, / Wünschen wirst, gelebt zu haben«, so hat es der Dichter Christian Fürchtegott Gellert (1715–1769) in seinem »Vom Tode« betitelten Gedicht formuliert. Die Lebensweisheit, die diese Lebensregel in sich birgt, besagt: Einzig die Entscheidungen, mit denen man einmal auch gut sterben kann, sind letztlich Entscheidungen, mit denen man auch gut leben kann.

Die da waltende »Dialektik« hat der heilige Ignatius von Loyola (1491–1556) in bestechender Klarheit gesehen. Sein geistliches Vermächtnis, wie es uns in der Gestalt seiner »Geistlichen Übungen« überkommen ist, weiß in der Tat auch Beachtenswertes über die »Übung« zu sagen, die jeweiligen Stunden wichtiger existentieller Entscheidungen mit der Stunde des Todes zu verknüpfen. Die Nr. 186 seiner »Geistlichen Übungen« lautet denn auch so:

> Als wäre ich in der Todesstunde, bedenke ich die Form und das Maß, das ich hinsichtlich der jetzigen Wahl wünschte eingehalten zu haben; und danach richte ich mich und treffe im ganzen meine Entscheidung.

Ignatius war sich bewusst: Entscheidungen, die eine gewisse existentielle Tragweite haben, müssen, so »subjektiv« sie auch sind, dennoch »objektiv« gefällt werden, was besagen soll: Sie dürfen nicht aus schwankenden »subjektiven« Beweggründen wie den »Irrungen (und) Wirrungen« (Theodor Fontane) einer Stimmung, in der wir uns gerade befinden, getroffen werden. Einzig das, von dem wir sicher sind, dass es auch noch in der Stunde unseres Todes zählen wird, soll das sein, was zählt, wenn wir existentielle Entscheidungen unseres Lebens treffen. Schließlich gewinnen wir so und nur so eine Perspektive, bei der das Ganze des Lebens in den Blick kommt. Wie möchte ich, wenn ich mich in der letzten Stunde meines Lebens befinde, wollen, mich in der Stunde meines Lebens, in der ich mich jetzt befinde, entschieden zu haben?

4 Todessinn als Lebenssinn

Es ist gewiss nicht auf das Konto des Zufalls zu buchen, dass in Geschichte und Gegenwart die »Meister« der Kunst des Lebens und der Kunst des Sterbens stets die Einheit beider Künste bestätigt und bekräftigt haben. Wenn ein Liedermacher wie der 1947 in München geborene Konstantin Wecker singt: »Ich hab zum Sterben kein Talent und bin fürs Leben kaum begabt«, dann klingt das wie die »Negativvariante« zu jenem Satz, den der Hagiograph Sulpicius Severus (um 360 – um 420) einmal über den heiligen Martin von Tours (316/317–397) gesagt hat:

> Qui nec mori timuit, nec vivere recusavit! –
> Er fürchtete sich nicht zu sterben, und er weigerte sich nicht zu leben.

Wie verhält sich die Furcht gegenüber dem Tod zur Weigerung gegenüber dem Leben, welches Bedingungsverhältnis waltet da? Wer darüber spekuliert, wird wieder und wieder zu dem Ergebnis gelangen, dass es tatsächlich wohl so etwas wie einen »Zirkel« zwischen Lebenkönnen und Sterbenkönnen bzw. zwischen Sterbenkönnen und Lebenkönnen geben muss, was dann letztlich heißt: Es kann keine wahre Kunst des Sterbens ohne Kunst des Lebens und keine wahre Kunst des Lebens ohne Kunst des Sterbens geben. Dieser »Zirkel« von Lebenkönnen und Sterbenkönnen und Sterbenkönnen und Lebenkönnen besteht unaufhebbar und unaufgebbar. Ein »The Book of the Craft of Dying« betiteltes englisches Werk zur »Art of Dying Well« bringt diesen »Zirkel« so zur Sprache:

> Lerne zu sterben und du wirst lernen zu leben,
> denn niemand wird lernen zu leben, der nicht gelernt hat
> zu sterben.

Wer nicht leben kann, kann auch nicht sterben, und wer nicht sterben kann, kann auch nicht leben. Es macht Sinn, das Wissen darum als »Memorial« bei sich zu tragen.

Es war der unter dem Namen »Novalis« bekannte Dichter Georg Philipp Friedrich von Hardenberg (1772–1801), der einmal den Satz geschrieben hat:

> ... lernt den Sinn des Todes fassen
> Und das Wort des Lebens finden ...

Dieser Satz beleuchtet den Gesichtspunkt, dass sich die Kunst des Lebens nicht ohne den Sinn des Todes erlernen lässt. Es gilt jedoch – daneben, nicht dagegen – auch der Satz, der lautet:

> ... lernt den Sinn des Lebens fassen
> Und das Wort des Todes finden ...

Diesen Satz hat der Dichter Novalis nicht geschrieben; dennoch ist es ein Satz, der unbedingt geschrieben gehört. Denn dieser Satz beleuchtet den zu ergänzenden Gesichtspunkt, dass sich die Kunst des Sterbens nicht erlernen lässt, ohne den Sinn des Lebens zu finden.

Für den Konstanzer Mystiker Heinrich Seuse (1293[?]– 1366) war es keine Frage, dass die »scientia moriendi« – die Kunde vom Sterben – fester Bestandteil der »doctrina bene vivendi« – der Lehre vom guten Leben – ist, wie der Dominikaner in seinem »Horologium eternae sapientiae« («Büchlein der ewigen Weisheit«) zu verstehen gibt: »Ich will dich sterben lehren. Ich will dich leben lehren.« Die »Hohe Schule« der Kunst des Sterbens ist auch die »Hohe Schule« der Kunst des Lebens, wie die »Hohe Schule« der Kunst des Lebens auch die »Hohe Schule« der Kunst des Sterbens ist. Keiner wird ein »Meister« beider

Künste, der sich nicht ernsthaft darum bemüht, in jeder der beiden Künste gleichermaßen bewandert zu sein.

»Ich lebe mein Leben in wachsenden Ringen« – heißt es einmal in einem der Gedichte Rainer Maria Rilkes. So verhält es ich wohl tatsächlich mit unserem Leben. Lebensring legt sich um Lebensring, und darin lebt sich das Leben. Wissen wir Menschen auch nicht, wie viele Lebensringe unser Leben zählen wird, ehe es im Tod sein irdisches Ende findet, so wissen wir doch, dass es nicht unzählige Ringe sein werden. Um den letzten Ring des Lebens wird sich der Ring des Todes legen, und da ist kein Mensch, der diesen dunklen Bescheid nicht bei sich trägt.

Leben im Ring der Zeit, die immer »auf Widerruf gestundete Zeit« (Ingeborg Bachmann) ist, ist schwer. Doch »daß etwas schwer ist«, so sagt Rainer Maria Rilke in einem seiner Briefe, »muß uns ein Grund mehr sein, es zu tun«. Wie wir uns mit dem Schweren, das uns die Ringe des Lebens und der Ring des Todes abverlangen, so nicht leicht, so doch leichter tun könn(t)en, sagt uns Paulus in seinem Brief an die Römer – einem Brief, den wir selbstverständlich auch als einen an uns gerichteten Brief lesen dürfen:

> Keiner von uns lebt sich selber, und keiner stirbt sich selber: Leben wir, so leben wir dem Herrn, sterben wir, so sterben wir dem Herrn (Röm 14,7–8).

Paulus denkt an den, der »Herr« ist über Leben und Tod: Jesus Christus. Er ist der »Herr« über die Ringe unseres Lebens und er ist auch »Herr« über den Ring unseres Todes. Er, Jesus Christus, ist die Garantie, dass unser Leben und unser Sterben gelingt, wenn wir es mit ihm wagen.

Kapitel III

Endlich leben: Ohne Vertröstung auf das Jenseits und ohne Vertröstung auf das Diesseits

Die Frage, was für eine Theologie denn in unserer Zeit gebraucht werde, beantwortet der Theologe Johann Baptist Metz (* 1928) so: Gebraucht werde »eine zeitempfindliche Theologie«, denn einzig eine solche sei auch in der Lage, die geistige Situation der Zeit zu erfassen. Was einer »zeitempfindlichen Theologie«, die nach den »Zeichen der Zeit« fragt, einfach auffallen muss, ist die Tatsache, dass unsere Zeit dem Thema »Zeit« selbst großes Interesse entgegenbringt. Das hat seine Gründe.

1 Die Dinge des Lebens ohne die »letzten Dinge«

1.1 »Das Leben als letzte Gelegenheit« – Marianne Gronemeyer

Dass der Mensch in den letzten zwei Jahrhunderten, was seine statistisch errechenbare Lebensdauer betrifft, etliche Jahre dazugewonnen hat, ist eine unwiderlegbare Tatsache, die besonders durch die Forschungen des an der Freien Universität Berlin lehrenden Professors für Sozialgeschichte und Historische Demographie Arthur E. Imhof (* 1939) erhärtet worden ist. Wir leben heute zwar länger als unsere Vorfahren, doch aufs Ganze gesehen erheblich kürzer. Ein widersprüchlicher Befund? Keineswegs! Früher – so Imhof – lebten die Menschen durchschnittlich 40 Erdenjahre plus X [X = ewige Himmelsjahre]. Heute leben die Menschen so lange, wie es Psalm 90,10 sagt:

> Unser Leben währt siebzig Jahre,
> und wenn es hoch kommt, sind es achtzig.

Die Dinge des Lebens ohne die »letzten Dinge« – die »Logik« des Lebens ohne die »Logik« der Eschata – geht die »Logik« einer solchen Lebensrechnung auf? Oder einmal so gefragt: Was passiert mit dem Leben der Menschen, wenn die Zeit dieses Lebens sich im Gegensatz zu früheren Zeiten immer so berechnet, dass dabei die Ewigkeit des Lebens bei Gott fehlt? Marianne Gronemeyer (* 1941), Professorin für Erziehungswissenschaft an der Fachhochschule Wiesbaden, hat kürzlich versucht, diese Frage zu beantworten. Ihr 1993 erschienenes Buch trägt den Titel: »Das Leben als letzte Gelegenheit«.

Die Grundthese des Buches besagt, dass wir in einer Zeit leben, die das Leben im Diesseits als buchstäblich »letzte Gelegenheit« wittert, dem Leben das abzuringen, was ihm abzuringen ist. Früher wussten die Menschen, wie sie auf die Katechismusfrage »Wozu sind wir auf Erden?« zu antworten hatten: »Um in den Himmel zu kommen!« Heute, wo sich der Himmel erledigt hat, wissen die Menschen die alte Katechismusfrage so zu beantworten: »Um aus dem Leben das herauszuholen, was herauszuholen ist!« Dass die Leute heute so reden, ist durchaus »logisch«. Denn da kein Himmel (mehr) ist, ist dieses Leben auf der Erde die »letzte Gelegenheit« – die letzte Gelegenheit, zu leben und etwas zu erleben.

Was erwarten die Menschen vom Leben, wenn der Gedanke an ein weiteres Leben jenseits des Todes ein mehr und mehr schwindender bzw. ein nach und nach bereits geschwundener Gedanke ist? Sie erwarten von diesem auf sieben oder acht Jahrzehnte befristeten Leben eigentlich »alles«. Denn die Lebenszeit ist ja befristet, und was in diesen wenigen Jahrzehnten des Lebens nicht stattfindet, findet überhaupt nicht statt.

1.2 »Kandidaten des Jenseits« oder »Studenten des Diesseits«? – Ludwig Feuerbach

Den Blick ganz auf den Himmel, aufs Jenseits gerichtet – so haben die Menschen früher gelebt; den Blick ganz auf die Erde, aufs Diesseits gerichtet – so leben Menschen heute. Die Lebensrechnung ist in diesem wie in jenem Fall jeweils ganz gegensätzlich aufgemacht. Was jedoch bei beiden Lebensrechnungen deutlich wird, ist die Tatsache, dass Himmel und Erde sich beide Male nicht berühren. Mal ist der Himmel von der Erde abgekoppelt – so war die Situation früher –, mal ist die Erde vom Himmel abgekoppelt – so ist die Situation heute. Was ja auch denkbar wäre als sozusagen dritter Weg, wäre der Weg, Himmel und Erde füreinander offenzuhalten: die Erde für den Himmel genauso wie den Himmel für die Erde. Doch diese Idee zu entwickeln ist wohl erst denen möglich, die eingesehen haben, dass der Weg, der um des Himmels willen die Erde vergisst, ebenso wenig gangbar ist wie der, der um der Erde willen den Himmel vergisst.

Es scheint – geschichtlich betrachtet – wieder einmal so zu sein, dass der Pendelausschlag beim gegenüberliegenden Extrempunkt angelangt ist. War lange, lange Zeit überwiegend die Vertröstung aufs Jenseits gang und gäbe, ist es jetzt die Vertröstung aufs Diesseits.

So gut es ist, dass endlich und endgültig die Vertröstung aufs Jenseits passé ist, so prekär ist es dann auch wieder, wenn an deren Stelle jetzt die Vertröstung aufs Diesseits tritt. Tatsächlich sind die Menschen heute – der Philosoph Ludwig Feuerbach (1804–1872) würde sich darüber freuen – aus »Kandidaten des Jenseits« zu »Studenten des Diesseits« geworden; freilich haben sie dafür einen Preis gezahlt, der doch einigermaßen hoch – zu hoch! – ist. Denn dadurch, dass sie den Status, »Studenten des Diesseits« zu sein, erwarben, gaben sie den Status, »Kandidaten des Jenseits« zu sein, auf. Doch warum eigentlich? Können wir nicht als »Studenten des Diesseits« trotzdem auch »Kandidaten des Jenseits« bzw. als »Kandidaten des Jenseits« trotzdem auch »Studenten des Diesseits« sein? Wo steht denn geschrieben, dass das eine nur um den Preis des anderen zu haben ist?

Und doch haben sich die Dinge so eingespielt, dass es eben heißt: eschatologisches Glück – das gibt es nicht. Das einzige Glück, das es gibt, ist das irdische Glück, und davon gilt es so viel wie möglich zu erhaschen, und wem daran gelegen ist, der weiß dann auch: Er muss sich beeilen. Denn bei aller Länge von den maximal sieben oder acht Jahrzehnten eines Lebens – es bleibt dabei: »Vita brevis.« – »Das Leben ist kurz.«

2 Das Unglück eines Lebens ohne Tod

Das Leben ist immer zu kurz, immer zu klein, als dass da genügend Gelegenheit wäre, – bildlich gesprochen – den Becher des Lebens bis auf den Grund zu leeren. So groß kann der Becher des Lebens gar nicht sein, dass er den Durst nach Leben stillen könnte, den wir Menschen haben. Oder doch – gesetzt den Fall, es wäre uns Menschen möglich, Unsterblichkeit vor dem Tod und nicht Unsterblichkeit nach dem Tod zu erlangen und so in der Lage zu sein, ewig im Diesseits zu leben?

Was ist von dieser Diesseits-Variante der Unsterblichkeit zu halten? Ist sie nicht der überkommenen und längst für überholt gehaltenen Jenseits-Variante der Unsterblichkeit haushoch überlegen? Einmal unterstellt, es gelänge in der Gentechnologie tätigen Wissenschaftlern, »das Gen des Todes« (Gottfried Benn), das alle Menschen in sich tragen, zu eliminieren und durch ein Gen, das einem Menschen diesseitige Unsterblichkeit beschert, zu ersetzen, was wäre dann? Wäre uns Menschen damit gedient? Den Tod wären wir ja damit ohne jeden Zweifel los, bräuchten uns also um die Kunst des Sterbens nicht zu kümmern, da es dort, wo kein Tod (mehr) ist, auch keine Kunst des Sterbens (mehr) braucht. Doch bleibt dennoch die Frage übrig, was eigentlich mit dem Leben los ist, wenn es den Tod los ist?

2.1 »Alle Menschen sind sterblich« – Simone de Beauvoir

Was ist mit dem Leben los, wenn es den Tod los ist? Dieser Frage ist Simone de Beauvoir (1908–1986), Schriftstellerin und Philosophin des französischen Existentialismus, nachgegangen. Sie entwickelte die Frage erzählend in dem Roman: »Tous les Hommes sont mortels« (»Alle Menschen sind sterblich«), der 1946 in Paris erschien. Dieser Roman gliedert sich in eine Rahmen- und in eine Binnenhandlung. Im Mittelpunkt beider Handlungen steht Raimondo Fosca, der Held des Romans. Die Rahmenhandlung beginnt damit, dass die Schauspielerin Regine auf einer Theatertournee durch die Provinz in ihrem Hotel einen Mann kennen lernt, der mächtig Eindruck auf sie macht. Immer wieder gewinnt Regine nämlich den Eindruck, dass dieser in trancehafter Gleichgültigkeit dahindämmernde Mann ein lebender Toter bzw. ein toter Lebender ist.

Regine weiß noch nicht, wie recht sie damit hat, in diesem Raymond Fosca einen Menschen zu sehen, der lebendig tot bzw. tot lebendig ist. Denn noch kennt sie sein schreckliches »Geheimnis« nicht. Doch eines Tages ist Raymond Fosca endlich bereit, Regine gegenüber sein »Geheimnis« zu lüften. Er erklärt ihr, sein »Geheimnis« sei sein Sonderstatus, unter lauter sterblichen Menschen auf dieser Welt der einzige nicht sterbliche Mensch zu sein.

Eine alte Lebensregel sagt: »Besser ein Ende mit Schrecken als ein Schrecken ohne Ende.« Was gäbe dieser Mann, der Raymond Fosca heißt und weiß, dass die Ewigkeit seines Lebens nicht ewiges Leben, sondern ewigen Tod bedeutet, dafür, diese alte Lebensregel befolgen zu können. Jedes Ende seines Lebens wäre ihm lieber als der Schrecken dieses Lebens ohne Ende, das Leben und doch kein Leben ist. So setzt er alles daran, Regine, die spontan dazu neigt, jenes Leben, das als Leben ohne Tod Leben ohne Ende ist, als unbedingt glücklich zu denken, davon zu überzeugen, dass dem wahrlich nicht so ist.

Doch so leicht ist Regine nicht zu überzeugen. Wenn sie diesen Mann dazu bringen kann, sie zu lieben, denkt sie sich, dann ist das nicht »nur eine arme, sterbliche Liebe« wie die Liebe unter sterblichen Menschen, dann ist das eine Liebe, die sie unsterblich macht dadurch, dass sie in der Erinnerung dieses unsterblichen Geliebten in Ewigkeit weiterlebt. Gut, dass es da einen gewissen Roger gibt, der als (sterblicher) Mensch unter (sterblichen) Menschen Regine liebt und sich nicht denken kann, dass das die große Liebe sein soll, die sie, die sterbliche Geliebte, und Raymond Fosca, den unsterblichen Geliebten, zum Paar macht. Im Gespräch mit Regine sucht Roger die Dinge zurechtzurücken.

»Wann soll das aufhören?« fragte er.

»Was?«

»Diese Geschichte mit dem Verrückten.«
»Das wird gar nicht aufhören«, sagte sie.
(...)
Roger zuckte die Achseln: »Und selbst wenn er unsterblich wäre?«
»Dann würde in zehntausend Jahren noch einer an mich denken.«
»Er würde dich vergessen.«
»Er sagt, daß er ein unfehlbares Gedächtnis hat«, sagte Regine.
»Dann würdest du unter seinen Erinnerungen aufgespießt sein wie ein Schmetterling in einer Sammlung.«
»Ich will, daß er mich liebt, wie er niemals geliebt hat und niemals lieben wird.«
»Glaube mir«, sagte Roger, »es ist besser, von einem Sterblichen geliebt zu werden, der nur dich liebt.« Seine Stimme bebte. »Du bist allein in meinem Herzen. Warum genügt dir meine Liebe nicht?«
(...)
»Ich will mit ihm leben«, sagte sie.

Was Roger seiner Regine offenkundig sagen will, ist, dass – anders als sie sich das denkt – die Liebe eines sterblichen Mannes zu einer sterblichen Frau und die einer sterblichen Frau zu einem sterblichen Mann gar keine »arme, sterbliche Liebe« ist, sondern die Liebe, die die (einzig) wahre Liebe ist. Doch das interessiert sie, die ganz damit beschäftigt ist, sich in das Liebesabenteuer mit diesem Mann zu stürzen, überhaupt nicht. Mächtig ist sie allerdings interessiert daran, dessen ganze Lebensgeschichte erzählt zu bekommen. Raymond Fosca zögert – soll er, soll er nicht? –, ist dann aber doch willens, ihr den Teil seiner bereits durchlebten »unendliche(n) Geschichte« (Michael Ende) seines Lebens zu erzählen.

Damit setzt dann im Roman »Alle Menschen sind sterblich« die Binnenhandlung – im Film wäre das die »Rückblende« – ein. In fünf großen Erzählabschnitten lässt Simone de Beauvoir den Helden des Romans seine circa siebenhundertjährige Lebensgeschichte erzählen, immer wieder unterbrochen durch Zwischenabschnitte, die als Teile der Rahmenhandlung zeigen, was Regine bei dieser und jener Geschichte, die sie erzählt bekommt, so durch den Kopf geht.

Geschichten aus seinem Leben weiß Raymond Fosca in stattlicher Zahl zu erzählen, und da er ein guter Erzähler ist, beginnt er mit der

Geschichte, mit der alles begann: wie er das fürchterliche Privileg nicht post-, sondern praemortaler Unsterblichkeit erwarb. Ihm, dem 1279 geborenen Fürsten des italienischen Stadtstaates Carmona, kam eines Tages zu Ohren, »Bartolomeo, der älteste und elendste der Bettler« seiner Stadt sei im Besitz eines Zaubertranks, der unsterblich mache, und in der Gewissheit, nichts besser gebrauchen zu können als dieses Lebenselixier, ließ er den Bettler in seinen Palast kommen. Keine Macht der Welt vermag ihn mehr davon abzubringen, aus der Flasche des Bettlers die Flüssigkeit, die unsterblich macht, zu trinken. Dagegen hilft auch das bittende Flehen seiner Frau Caterina nichts.

Nichts, rein gar nichts hat ihn von seinem Entschluss zu trinken abbringen können. Was seine Frau Caterina befürchtet hat, macht bald dann in der Tat das Fürchterliche seines Lebens aus, das – ewig während – sich von Dauer zu Dauer schleppt. Was es heißt, unsterblich statt sterblich zu sein, das in Erfahrung zu bringen, hat er in seinem todlosen Leben jetzt endlos Zeit. Es wird sich in seinem Leben, das nun in Ewigkeit dauern wird, wieder und wieder bewahrheiten, dass sich sein Leben durch den Zaubertrank, der irdische Unsterblichkeit verleiht, essentiell verändert hat.

Der todlos unglückliche Held des Romans spürt es tagtäglich: Er, der kein Sterblicher mehr ist, liebt auch nicht mehr mit dem Herzen der Sterblichen, hört nicht mehr mit den Ohren der Sterblichen, und keine Macht der Welt kann seine Entscheidung, diese Existenz gewählt zu haben, wieder ungeschehen machen. Es mag ihn das später auch wieder und wieder reuen, damals nicht auf die Warnung seiner Frau gehört zu haben; ein Zurück gibt es nicht. Er hat nun einmal den Zaubertrank getrunken, und dass der Zauber dieses Tranks ein böser Zauber ist, ist die »Tragödie« seiner Existenz in Ewigkeit. Eine Frau wird die andere ablösen, ein Krieg den anderen, eine Erfindung die andere, eine Hoffnung bzw. Täuschung die andere, denn seiner Existenz ist das Gesetz der ewigen Wiederkehr des Gleichen gesetzt.

Dieser Mann, den nichts töten kann, lenkt zwei Jahrhunderte das Geschick der Stadt Carmona, sieht Generationen kommen und gehen, führt diesen und jenen Krieg, heiratet diese und jene Frau, und so geht das weiter und weiter. Mehr und mehr lernt der tragische Held des Romans begreifen, wie wenig wünschenswert, da wenig lebenswert, das Leben ist, das er sich einst gewünscht hat. Gnade wäre, den Bannkreis dieses Lebens gebrochen zu sehen, doch diese Gnade gibt es für ihn nicht. So lebt er sein Leben einfach weiter und weiter. Er irrt durch Welt und Zeit, denn sein Lebensweg ist als Weg ohne Ende auch Weg ohne Ziel.

Dieser Weg führt ihn, als seine Zeit in Carmona abgelaufen ist, an den Hof Kaiser Karls V., wo er als Berater in politischen Dingen tätig ist. Wieder und wieder beschleicht ihn das Lebensgefühl, »nichts als ein Toter« zu sein, und dieses Lebensgefühl ist, wie er mehr und mehr begreift, der Schatten des Fluchs, den Raimondo Fosca durch nichts abschütteln kann. Den schleppt er – willens oder nicht willens – durch die Jahre, Jahrzehnte, Jahrhunderte seines Lebens, das immer weniger Leben im Licht des Glücks, immer weniger Leben im Licht des Sinns ist.

Was sich jedoch breit macht in seinem Leben, das den »Kontrapunkt« des Todes nicht hat, sind Erfahrungen großer existentieller Müdigkeit und Gleichgültigkeit, die das Interesse an allem, was geschieht im Zuge der Zeit, mehr und mehr schwinden lassen. Es ist nicht so, dass Raimondo Fosca dieses oder jenes in seinem Leben nicht schmeckt. Was ihm nicht schmeckt, ist der ganze Geschmack, den sein Leben hat. Hungrig auf Leben ist dieser des Lebens überdrüssige Mann, den eher Lebensekel quält, längst nicht mehr.

Dass sein damals gefasster Entschluss, ein endloses, da todloses, Leben zu leben, ihm eher die Hölle als den Himmel auf Erden gebracht hat, weiß Raimondo Fosca jetzt nur zu gut. Die Unumkehrbarkeit seines einst gefassten Entschlusses ist fatal, da eben darin der Grund dafür zu sehen ist, dass sein Leben banal ist. Es gibt in diesem Leben nichts, was wirklich existentielles Gewicht hätte, und zu spät kommt die Einsicht, dass keiner der Bezüge des Lebens wichtig sein kann, wenn es den letzten Bezugspunkt des Lebens, den Tod, nicht gibt.

Keine Zweisamkeit kann den Bann des Fluchs, der auf seinem unvergänglichen Leben lastet, brechen, auch die Zweisamkeit der Liebe nicht. Raimondo Fosca weiß das, und so macht er sich, der nun im Paris des 18. Jahrhunderts das Leben eines großen Gelehrten führt und daran denkt, wieder zu heiraten, so seine Gedanken darüber, wie das mit ihm und der neuen großen Liebe seines Lebens – Marianne de Sinclair heißt sie – wohl werden wird.

Zu wenig Zeit ... Wir würden uns 30 Jahre lang lieben, vielleicht sogar 40 Jahre, und dann würde man ihren Sarg in eine Grube senken, die jener gleichen würde, in der Caterina und Beatrice ruhten. Und ich würde dann wieder ein Schatten werden.

Doch dieser düstere Blick in die Zukunft, der alles sagt, kann Raimondo Fosca dann doch nicht davon abhalten, sein Glück in der Liebe zu Marianne zu suchen. Er hält es aus guten Gründen nicht für opportun, Marianne in das Geheimnis seiner Existenz einzuweihen. Diese erfährt dann eines Tages sein gut gehütetes Geheimnis aber doch, und das ändert dann zwischen dieser Frau und diesem Mann alles.

«Ist es wahr?« sagte sie.
(...)
»Es ist wahr«, sagte ich.
»Es ist wahr!«
Sie wich einen Schritt zurück; mit gequälter Aufmerksamkeit sah sie mich wieder an.
»Marianne, sieh mich nicht mit solchen Augen an«, sagte ich. »Ich bin kein Gespenst.«
»Ein Gespenst«, brachte sie langsam hervor, »wäre mir weniger fremd als du.«
»Marianne«, sagte ich. »Schau, wir lieben uns doch; nichts auf der Welt kann eine solche Liebe zerstören. (...)«
»Alles hat es geändert, für immer«, sagte sie. (...)
Ich kniete neben ihr nieder; ich zog ihr die Hände vom Gesicht. »Sieh mich an«, sagte ich. »Erkennst du mich nicht mehr? Ich bin es doch, immer noch ich. Ich bin doch kein anderer als bisher?«
»Ach!« rief sie heftig aus. »Warum hast du mir nicht die Wahrheit gesagt?«
»Hättest du mich dann geliebt?«
»Niemals!«
»Warum nicht?« fragte ich. »Hältst du mich für verdammt? Meinst du, ein Dämon wohne in mir?«
»Ich habe mich dir ganz gegeben«, sagte sie. »Ich glaubte, daß auch du mir auf Leben und Tod zugehörig seist. Aber du hast dich nur für ein paar Jahre verliehen.« Ein Schluchzen erstickte ihre Stimme. »Eine Frau nur unter Millionen anderer Frauen. Eines Tages wirst du nicht einmal

mehr meinen Namen wissen. Doch du wirst immer du sein und kein anderer.« Sie erhob sich. »Nein«, sagte sie. »Nein. Es ist ganz unmöglich.«

Damit ist nun also auch der Liebe zwischen Marianne und Raimondo Fosca kein Glück(en) geschenkt. Schuld daran ist die mangelnde Symmetrie in der Zweisamkeit der beiden: ihre Liebe gibt alles, seine »Liebe« nichts. Ohne diese Symmetrie, dass beide, Mann und Frau, sich ganz geben – da ist sich Marianne ganz sicher –, geht in der Liebe nichts.

Und hat sie damit nicht recht?! Ist denn nicht in der Tat das in und an aller Liebe das Große: dass die Liebenden sich »auf Leben und Tod zugehörig« sind, was ja sagen will: dass es dabei immer ums Ganze geht?! Ums Ganze kann es aber eben nur sterblichen Menschen gehen, und deshalb können auch nur sie sich ganz geben. Das Jawort der Liebe, das immer Wort ist, das aufs Ganze geht, kann – Marianne spürt das – der unsterbliche Raimondo Fosca nicht sprechen.

Und wenn auch das zur Wahrheit der Liebe gehört, dass Liebende füreinander »einzig« sind, dann gibt es diese Wahrheit zwischen Marianne und Fosca sowenig, wie es sie zwischen ihm und seinen früheren Frauen, die er »geliebt« hat, gegeben hat. Für einen Mann, der »Millionen Leben« hat, wäre sie, Marianne, doch nur »Frau unter Millionen anderer Frauen«, und das will zur »Logik« der Liebe ganz und gar nicht passen. Die Liebe denkt anders, und zwar so, dass da, wo sie waltet, auch die Einzigkeit des geliebten Du waltet. Einander lieben heißt füreinander einzig sein. Antoine de Saint-Exupéry (1900–1944) hat diese Wahrheit in seinem Märchen »Der Kleine Prinz« weltbekannt gemacht.

Tatsächlich ist das die Wahrheit der Liebe: füreinander einzig(artig) zu sein. Wo diese Wahrheit Ereignis wird, da ist die wahre Liebe, nach der sich alle Menschen sehnen, so auch jene Frau mit Namen Marianne de Sinclair, die weiß: diese – einzig wahre – Liebe, in der beide einzig füreinander sind in der Welt, ist mit diesem unsterblichen Mann nicht zu haben.

Es ist bitter für Fosca, gewahr zu werden, dass zur Tragik seines Lebens der Unsterblichkeit ganz gewiss auch die Unfähigkeit zu lieben zählt. Die Ewigkeit seines Lebens, das eher ewiger Tod als ewiges Leben ist, ist eben auch der ewige Tod der Liebe. Sein Leben, das keinen Tod kennt, ist tödlich für alles Glück(en) der Liebe. Er gäbe weiß Gott was darum, auch sterben zu können. Denn wenn er das könnte – soviel weiß er jetzt –, dann könnte auch er lieben in jenem wahren Sinn, der die Liebenden das Glück der Liebe erfahren lässt. Der Schmerz darüber, zu dieser wahren Liebe nicht fähig zu sein, ist das, was Raimondo Fosca bleibend quält, und diese Qual begleitet sein Leben wie ein böser Schatten, den er einfach nicht loswerden kann.

Es ist daher nur zwingend aus der Sicht der »Logik«, deren Gesetze das Leben Raimondo Foscas regieren, dass auch die Liebesgeschichte, die er mit Regine hat, nicht auf die Spur des Gelingens, sondern auf die Bahn des Scheiterns kommt. Seine Begegnung mit Regine, die ja die »Rahmenhandlung« des Romans »Alle Menschen sind sterblich« bildet, endet in einer Trennung. Beider Leben geht weiter: das der Schauspielerin Regine auf befristete, das des Raimondo Fosca auf unbefristete Zeit. Jeder der beiden geht jetzt wieder seiner Wege.

Wie seine Geliebte auf Zeit macht sich Raimondo Fosca wieder auf den Weg. Im Gepäck hat er den bösen Zauber, der den Fluch seiner Existenz bildet und der ihn in der Gestalt des »Memento« »Bedenke, dass Du in Ewigkeit nicht sterben kannst!« auf Schritt und Tritt einholt.

2.2 »Last und Segen der Sterblichkeit« – Hans Jonas

Wenn der Roman einer Simone de Beauvoir »Alle Menschen sind sterblich« eine Botschaft hat, dann ist es die Botschaft: Es wäre auf gar keinen Fall dem Glück(en) des Lebens förderlich, gäbe es den Tod als End- und Kontrapunkt des Lebens nicht. So besehen wäre seine Sterblichkeit dem Menschen, so sehr sie ihm »Last« ist, so sehr doch auch »Segen«. Jemand, der einer solchen Sicht der Dinge offenkundig etwas hat abgewinnen können, ist der Philosoph Hans Jonas (1903–1993) gewesen, wie sein Artikel »Last und Segen der Sterblichkeit« belegt.

Wie der Titel seines Artikels bereits deutlich macht, geht es dem jüdischen Philosophen Hans Jonas (1903–1993) darum, das Doppelgesicht der Sterblichkeit, die eben immer beides ist – »Last und Segen« –, in den Blick zu bekommen. Wenn sein Plädoyer besonders dem »Segen« der Sterblichkeit gilt, dann deshalb, weil diese Seite im Gegensatz zu jener Seite, die die »Last« der Sterblichkeit bildet, die Seite ist, die in der Regel – ungerechtfertigt – übersehen wird. Das Fazit seiner Philosophie über den »Segen« der Sterblichkeit lautet:

Was jeden von uns betrifft, so könnte das Wissen, dass wir hier nur kurz weilen und dass unserer zu erwartenden Zeit eine unverhandelbare Grenze gesetzt ist, sogar nötig sein als Antrieb dafür, unsere Tage zu zählen und sie so zu leben, dass sie durch sich selber zählen.

Das Leben braucht also, will es gelingen, den End- und Kontrapunkt des Todes. Denn fehlt der Tod, der »Ernstfall aller Ernstfälle« (Bernhard Welte), fehlt auch der (letzte) Ernst im Leben; fehlt der Tod, fehlt auch der (letzte) Garant dafür, dass Freiheit, statt in der Sphäre der Gleichgültigkeit zu schweben, Freiheit im Sinne des Willens zur Endgültigkeit ist; fehlt der Tod, fehlt auch die (letzte) Bedingung dafür, dass die Zeit nicht nur als »Chrónos«, sondern auch als »Kairós« in den Blick kommt; fehlt der Tod, fehlt letztlich – alles in allem – der Existenz der Fixpunkt, der die unbedingte Bedingung dafür ist, sich überhaupt auf die Lebensfrage die Lebensantwort geben zu können, wofür man denn leben will und wofür nicht, woran man sein Leben hingeben will und woran nicht.

Überhaupt kein billiger Gemeinplatz ist daher die These, die besagt: Das Leben braucht den Randdruck des Endes, das der Tod ist, denn sonst wäre da nur immer währende Gleichgültigkeit, immer währende Sinnlosigkeit und damit kein Gelingen über keinem der Wege des Lebens. Zu jenem »Memento mori«, das lautet: »Mensch, denk, dass du sterben musst!«, muss sich daher unbedingt dieses »Memento mori« gesellen, das lautet: »Mensch, denk, dass du sterben kannst und darfst!«

»Salz ist der Tod, und schmackhaft, Freund, sehr schmackhaft macht er uns das Leben!« So dichtet der griechische Dichter Nikos Kazantzakis (1883–1957) im 18. Gesang seiner »Odyssee«. Nur das Leben schmeckt nach Leben, das gewissermaßen auch nach Tod schmeckt. Was so gesagt ist, ist gesagt in Richtung »Rechtfertigung des Todes«, also in Richtung des Bemühens, beim Sprechen über den Tod stets auch zu erwähnen, dass er der Garant dafür ist, dass das Leben des Menschen sich in keinem endlosen Undsoweiter Undsofort verflüchtigt. Unendlich, todlos zu leben im Diesseits, ist ebenso wenig eine Lösung des immer schweren Umgangs mit dem Leben und dem Tod, wie es das sich drehende Rad etlicher endlicher Leben im Diesseits dank Wiedergeburt ist.

Diesseits bleibt Diesseits, ganz gleich, ob es sich dabei um ein Diesseits handelt, das ohne den Grenzpunkt des Todes wäre, oder um ein Diesseits, das sich vervielfachte von Wiedergeburt zu Wiedergeburt. Beide »Modelle« taugen eigentlich wenig dazu, einem guten Umgang mit dem Tod den Weg zu bereiten. Und sie sind gerade aus dem Grunde wenig tauglich, da beide »Modelle« es dabei belassen, uns auf das Diesseits zu vertrösten, auf die Erde, und dabei das Jenseits, den Himmel, unberücksichtigt lassen. Doch wenn es immer gut ist, dass Himmel und Erde, Erde und Himmel sich berühren, warum dann nicht auch da, wo es um letzte Fragen unseres Daseins geht?

Wenn der »Einsichtsstand« (Klaus Demmer) richtig ist, der besagt, dass die Vertröstung aufs Diesseits heute ebenso falsch ist wie früher die Vertröstung aufs Jenseits, dann muss die Frage jetzt doch lauten, wie es denn möglich ist, zu leben und zu sterben, ohne die Erde an den Himmel und ohne den Himmel an die Erde zu verraten. Diese Frage ist keine geringere als die, wie es denn gelingen kann, das Leben vor und das Leben nach dem Tod gleichermaßen ernst zu nehmen, also die Treuebindung an die Erde, wie sie der Philosoph Friedrich Nietzsche (1844–1900) gefordert hat – »Brüder, bleibt der Erde treu« – einzulösen, ohne die Treuebindung an den Himmel dabei aufzulösen, und über dem Treueversprechen dem Himmel gegenüber nicht das Treueversprechen der Erde gegenüber zu vergessen. Jede »exklusiv« dem Diesseits oder dem Jenseits gegenüber gelebte Treue ist eine »einseitig« gelebte Treue, denn so soll es ja gerade nicht sein, dass die Treue zur Erde Untreue dem Himmel gegenüber bedeutet und Treue zum Himmel Untreue der Erde gegenüber.

Gebraucht wird eine »beidseitig« gelebte Treue, und die ist wahrlich keine, die von Treuebruch zu Treuebruch eilt – wenn der Erde treu, dann dem Himmel untreu, und wenn dem Himmel treu, dann der Erde untreu. Wann und wo Menschen diese doppelte Treue leben, sind sie gefeit davor, den doppelten »Lebenskunstfehler« (Odo Marquard) zu begehen, mal das Diesseits und mal das Jenseits unter einer schiefen »Optik« zu betrachten, da in diesem Fall das Diesseits herhalten muss für das entgangene – da nicht bzw. nicht mehr »geglaubte« – Glück des Jenseits und in jenem Fall das Jenseits für das entgangene Glück des Diesseits. Eine stimmige theologische »Optik« sieht die Gefahren der »Diesseits-Falle« und der »Jenseits-Falle«. Daher betont sie den Satz: »Es gibt ein Leben vor dem Tod und es gibt ein Leben nach dem Tod« und begründet ihn damit, dass Gott, der »Liebhaber des Lebens« (Weish 11,26), der »Liebhaber« beider Leben ist, sodass also eine glaubwürdige – theologische – Rede von diesem Leben jedenfalls nicht ohne die ebenso glaubwürdige – theologische – Rede von jenem Leben gelingen kann.

3 Es gibt ein Leben vor dem Tod

3.1 Die Gesichter des Todes vor dem Tod

Ein Grabstein auf einem der Friedhöfe dieser Welt soll die Inschrift tragen: »Es gibt ein Leben vor dem Tod«. Der Liedermacher Wolf Biermann (* 1936) hat diesen Gedanken in sein Lied »Es gibt ein Leben vor dem Tod« übernommen. Die ersten drei Strophen seines Liedes haben den Refrain »Es gibt ein Leben nach dem Tod«. Dass das stimmt, weiß Wolf Biermann, doch dann fügt er seinem Lied diese »*Anmerkung*« bei:

Ach, daß es danach noch was Schönes gibt
Ist tröstlich in unserer Lage.
Wie gut! und doch, da bleibt uns noch
Die kleine – die große – die Frage
(das wüßten wir gern noch daneben!)
Ob's sowas gibt – wir hättens gern
– auch vor unserm Tode ein Leben.

Beide Sätze gehören dem Christen ins Stammbuch geschrieben – der Satz »Es gibt ein Leben *nach* dem Tod.« und der Satz »Es gibt ein Leben *vor* dem Tod.« Beide Sätze sind gut christliche Sätze. Wenn Christen Anhänger beider Sätze sind, es sein müssen, dann dürfen sie die Wahrheit des ersten Satzes nicht über der des zweiten und die des zweiten nicht über der des ersten vergessen.

Wenn Christen sich gerade auch zu dem Satz bekennen »Es gibt ein Leben *vor* dem Tod«, ohne damit das diesseitige Leben wie diejenigen mit Übererwartungen zu überfrachten, die die Erwartung des jenseitigen Lebens gestrichen haben, dann pochen sie darauf, in Erfahrung zu bringen: Wer sind die Feinde und wer sind die Freunde des Lebens *vor* dem Tod?

Zu der Frage »Gibt es ein Leben *vor* dem Tod?« gesellt sich damit unweigerlich die Frage »Gibt es einen Tod vor dem Tod?« Gewiss ist, dass derjenige, der jene Frage mit »ja« beantwortet hat, auch diese mit »ja« zu beantworten hat. Ja, es gibt auch einen Tod vor dem Tod, wie es ein Leben vor dem Tod gibt.

Der Tod vor dem Tod – so heißt es – sei nicht weniger schlimm als der Tod selbst – und das aus dem Grunde, weil der Mensch mit diesem Tod, dem Tod *vor* dem Tode, bekanntlich sein Leben lang noch weiterlebt, noch weiterleben muss.

Die Frage, wie es sich verhält: ob da Leben vor dem Tod oder Tod vor dem Tod ist, ist buchstäblich eine Frage auf Leben und Tod. Es ist die Frage: Steht das Leben, das ein Mensch vor seinem Tod lebt, wirklich im Zeichen des Lebens oder steht es im Zeichen des Todes? Ist da wirklich Leben (mitten) im Leben oder ist da bereits Tod (mitten) im Leben – lange vor dem eigentlichen Tod am Ende des Lebens?

Dass Menschen viel zu viel Tod vor dem Tod erleben müssen, ist – leider – eine bittere Tatsache, die nicht zu übersehen und daher auch nicht zu übergehen ist. Menschen bringen Menschen eben nicht nur Leben; Menschen bringen Menschen auch Tod. Und den Tod bringen Menschen sich, wo sie sich gegenseitig um Lebenschancen bringen. Einen dieser Tode, den Menschen Menschen bringen, hat die bekannte evangelische Theologin Dorothee Sölle (* 1929) identifiziert: Menschen müssen mitten im Leben »den furchtbaren Tod der Beziehungslosigkeit« sterben. Die Gesichter dieses Todes beschreibt sie in ihrem Aufsatz »Der Tod am Brot allein«:

> Alleinsein und alleingelassen werden wollen; keine Freunde haben und dann den Menschen misstrauen und sie verachten; die anderen vergessen und dann vergessen werden; für niemanden dasein und von niemandem gebraucht werden; um niemanden Angst haben und nicht wollen, daß einer sich Sorgen um einen macht; nicht mehr lachen und nicht mehr angelacht werden; nicht mehr weinen und nicht mehr beweint werden: der schreckliche Tod am Brot allein.

Es ist tatsächlich so, wie die Bibel sagt: » … der Mensch lebt nicht vom

Brot allein« (Mt 4,4). Der Mensch stirbt – so ist es ja – den Tod »am Brot allein«, und den stirbt er mitten im Leben. Jemand, der diesen Tod bereits gestorben ist, lebt weiter, muss weiterleben gewissermaßen als lebender Toter. Was Dorothee Sölle mit diesen Überlegungen sagen will, geht unter die Haut. Opfer und Täter des Beziehungstodes gibt es unter uns, und es sind derer viele, zu viele. Dieser Tod, der Tod der Beziehungslosigkeit, ist ein gemachter Tod, ist ein Tod, den Menschen Menschen bereiten. Tatsächlich sagen wir Menschen ja auch, wenn wir radikal eine Beziehung zu einem anderen Menschen abbrechen wollen bzw. abgebrochen haben: »Der bzw. die ist für mich gestorben.« Sprache ist immer verräterisch – so auch in diesem Fall.

Mitten im Leben ist der Mensch auch bedroht vom Tod vor dem Tod. Eines der Gesichter dieses Todes ist der Tod der Beziehungslosigkeit. Ein Tod, der übrigens – daran lässt die Theologin Dorothee Sölle keinen Zweifel – vermeidbarer Tod wäre. Wir Menschen müssen einander nicht diesen Tod bereiten. Wir müssen uns nicht mitten im Leben umbringen dadurch, dass wir uns um Lebenschancen bringen. Und wenn etwas eine Lebenschance bietet, dann ja wohl Beziehung. Wo Menschen in Beziehung leben, da spenden sie sich immer Leben, da gewähren sie sich immer Lebenschancen, und so oft sie das tun, tun sie sich etwas Gutes.

Wo beziehungslos gelebt wird, da wohnen Tote unter Toten – mitten im Leben –, da sind die Wohnungen der Menschen längst zu Wohnungen des Todes geworden. Da zeigt der Zeiger der Lebenschancen nach unten. Da sind die Menschen – so der Titel eines der Bücher des Schriftstellers und Journalisten Günter Wallraff (* 1942) – »Ganz unten« – und da bleiben sie auch. Den Weg nach oben, dorthin, wo es besser ist, besser wird, gibt es nicht bzw. gibt es nicht mehr. Die Perspektive »nach oben«, ob sich vielleicht nicht doch noch ein Stück Himmel auf dieser Erde auftut, ist bleibend verstellt.

3.2 Opfer und Täter des Todes vor dem Tod

Der Augsburger Schriftsteller Bertolt Brecht (1898–1956) hat um die heikle Tatsache gewusst, dass für viele Menschen der Tod bereits vor dem Tod da ist. Die Frage, wie man Menschen das Leben nehmen kann, wie man sie umbringen, wie man sie töten kann, ohne ihnen ein Messer zwischen die Rippen zu stoßen, hat ihn jedenfalls immens beschäftigt, und bei seinen Überlegungen dazu ist er zu diesem bemerkenswerten Ergebnis gelangt:

Viele Arten zu töten

Es gibt viele Arten zu töten. Man kann einem ein Messer in den Bauch stechen, einem das Brot entziehen, einen von einer Krankheit nicht heilen, einen in eine schlechte Wohnung stecken, einen durch Arbeit zu Tode schinden, einen zum Selbstmord treiben, einen in den Krieg führen usw. Nur weniges ist davon in unserem Staat verboten.

Jemanden umbringen, um das Leben bringen – das geht so – mit dem Messer – oder eben so, dass man Zug um Zug einen Menschen lebensschädlichen Einflüssen aussetzt. Das reicht auch. Wer sich Bertolt Brechts Text einmal als »Gewissensspiegel« vor das Gesicht hält, kann der dann noch so einfach sagen: »Ich habe noch keinen Menschen umgebracht«? »Hast Du das wirklich nicht?«, wird der Spiegel da zurückfragen. »Denk doch bitte einmal genau nach: Gab es da nicht durchaus Situationen in deinem Leben, wo du die Lebenschancen deiner Mitmenschen beschädigt hast? Doch selbst wenn du das nicht getan haben solltest, wenn du nichts gegen die Lebenschancen deiner Mitmenschen getan haben solltest – kann ja durchaus sein –, dann lass dich trotzdem bitte fragen: Hast du etwas für die Lebenschancen deiner Mitmenschen getan? Hast du dich da wenigstens einmal engagiert oder eher durch Unterlassung schuldig gemacht?«

Der Text aus der Feder des Schriftstellers Bertolt Brecht ist auch aus dem Grund ein besonders wertvoller Text, weil er uns (Christen) das fünfte Gebot des Dekalogs »Du sollst nicht töten« in ein neues Licht rückt. Brechts Sicht der Dinge demaskiert und entlarvt die Sicht derer, die meinen, solange sie keinen Menschen im wörtlichen Sinn umgebracht haben, seien sie doch moralisch okay.

Aber es reicht als Munition unserer Schusswaffen durchaus bereits eine entsprechende Dosierung von Beziehungslosigkeit in Gestalt von Teilnahmslosigkeit, Gleichgültigkeit, Lieblosigkeit, Rücksichtslosigkeit gegenüber dem Leben unserer Nächsten, um Menschen um das Leben zu bringen. Mal haben diese Methoden früher, mal haben sie später Erfolg. Erfolg haben sie jedoch immer, denn es sind buchstäblich todsichere »Losigkeiten«. Wer in deren Schusslinie gerät, ist bereits so gut wie tot – und das mitten in seinem Leben.

Es gibt allerlei Arten, einen Menschen zu morden oder wenigstens seine Seele, und das merkt keine Polizei der Welt. Dazu genügt ein Wort, eine Offenheit im rechten Augenblick. Dazu genügt ein Lächeln. Ich möchte den Menschen sehen, der nicht durch ein Lächeln umzubringen ist oder durch Schweigen. Alle diese Morde, versteht sich, vollziehen sich langsam. Haben Sie sich nie überlegt, mein guter Knobel, warum die allermeisten Leute so viel Interesse haben an einem richtigen Mord, an einem sichtbaren und nachweisbaren Mord? Das ist doch ganz klar: weil wir für gewöhnlich unsere täglichen Morde nicht sehen. Da ist es doch eine Erleichterung, wenn es einmal knallt, wenn Blut rinnt oder wenn einer an richtigem Gift verendet, nicht bloß am Schweigen seiner Frau. Das ist ja das Großartige an früheren Zeitaltern, beispielsweise an der Renaissance, daß die menschlichen Charaktere sich noch in Handlung offenbarten; heutzutage ist alles verinnerlicht – und um so einen innerlichen Mord zu berichten, mein guter Knobel, dazu braucht man Zeit, viel Zeit!

So schreibt Max Frisch (1911–1991) in seinem Roman »Stiller«. Wie für Bertolt Brecht ist es also auch für ihn keine Frage, dass es das gibt: den Tod vor dem Tod, und dass die Ursache dieses Todes immer ein Mord ist. Gemordet werden Menschen auch da, wo ihnen Lebenschancen – oft die letzten – genommen, geraubt werden, ohne dass sie sich dagegen zu wehren vermögen.

Bereits unsere Sprache ist Beleg genug dafür, dass es jene Morde tatsächlich gibt, von denen Bertolt Brecht und Max Frisch sprechen. Morde geschehen da, und Menschen werden zu Mördern, wo und wann das Leben von Menschen kaputtgemacht wird etwa dadurch, dass wir Dinge totschweigen, totreden, dass wir jemanden mundtot machen, Rufmord gegenüber jemandem begehen.

Wenn wir von diesen Dingen sprechen, die es unbestreitbar tagtäglich gibt, dann sprechen wir von Todesarten, und das sind wahrlich keine natürlichen Todesarten. Das sind gewaltsame Todesarten, die dadurch geschehen, dass Menschen Menschen Gewalt antun und so nach und nach ums Leben bringen. Es gibt Schlagworte, die sich wie Schlagwaffen gebrauchen lassen und mit denen Menschen auf Menschen einschlagen und damit Leben totschlagen. Menschen werden so zu Mördern, ohne es zu merken, was das eigentlich Schlimme daran ist.

Opfer und Täter des Todes vor dem Tod gibt es in reicher Zahl. Wir alle sind zum guten Teil Opfer, doch zum guten Teil auch Täter dieses Todes, den wir mindestens mitverursachen. Die Leidensgeschichte der Opfer und die Schuldgeschichte der Täter zu schreiben dürfte dicke Bände füllen. Es wären Bücher, in denen immer wieder in mannigfachen Brechungen die eine Geschichte zu lesen wäre: wie aus Lebensräumen durch Menschenhand Todesräume geworden sind, wie Menschen zu Komplizen der Macht dieses Todes vor dem Tod geworden sind – mal in größerem, mal in kleinerem Umfang.

3.3 Die Macht des Todes vor dem Tod als die Macht der Sünde

Die Macht des Todes vor dem Tod in der Welt – so lässt uns die Bibel wissen – ist die Macht der Sünde. Sünde ist eine todbringende Macht. Diesen Gesichtspunkt hat wohl jede Theologie der Sünde zu kennen, denn es ist zu offensichtlich, dass da eine Wechselwirkung besteht zwischen Sünde und Tod.

Sünde ist stets etwas gegen das Leben Gerichtetes. Sünde bringt nicht Leben. Sünde bringt immer Tod. Strukturen der Sünde sind daher immer auch Strukturen des Todes. Wo die Sünde herrscht, herrscht der Tod. Im Bannkreis der Sünde gedeiht die Pflanze des Lebens nicht. Wo Sünde strukturell geworden ist, ist struktureller Tod.

Der Gedanke, dass Sünde das ist, was letztlich dem Tod (vor dem Tod) und nicht dem Leben (vor dem Tod) in die Hände arbeitet und darum DEN beleidigt, DEM Leid zufügt, den das alttestamentliche Buch der Weisheit den »Liebhaber des Lebens« (Weish 11,26) nennt, muss daher in jeder Theologie der Sünde einfach einen Stammplatz haben. Denn Gott ist ein Gott, der nicht will, dass der Mensch Schaden an seinem Leben nimmt.

Wo und wann Menschen sündigen, wenden sie sich gegen den Menschen, doch zugleich auch gegen Gott, der es liebt, dass wir Menschen »das Leben haben und es in Fülle haben« (Joh 10,10). Wenn wir Menschen sündigen, schaden wir immer – mal so und mal so – dem Leben, fügen wir dem Leben Schaden zu. Wo immer Leben durch Sünde beschädigt wird – und das kann in tausenderlei Formen geschehen –, da sind auch die Fermente des Todes mitten im Leben zu greifen, die jeglichem guten, erfüllten Leben gegenüber immer kontraproduktiv sind.

Es gilt daher zu protestieren, Protest anzumelden gegen den Tod vor dem Tod, der die Menschen ereilt, und zu optieren für das Leben vor dem Tod. Zu sprechen ist daher die Sprache des Widerstands gegen alle Verhältnisse und Strukturen, die denkbar gut dazu geeignet sind, den Menschen des Lebens vor dem Tod zu berauben.

Christen sind die, die auf ein Leben jenseits des Todes hoffen und daher für ein Leben diesseits des Todes kämpfen. Christen geht es wieder und wieder darum, die »Ökonomie« des Todes in die »Ökonomie« des Lebens zu wandeln. Denn was in der Bibel Tod heißt, ist auch und besonders die negative Qualität des Lebens. Sünde ist das, was den Menschen um das Leben vor dem Tod betrügt. Die Macht solchen Todes, die mitten im Leben sitzt, zu brechen, dieser Macht nicht das letzte Wort zu lassen, gegen diesen Tod sich auf die Seite des Lebens zu schlagen, ist die Sache derer, die sich weigern, Kollaborateure des Todes vor dem Tod und damit Sünder zu sein.

3.4 Gott und der Gottessohn als Gegner des Todes vor dem Tod

Es war der Philosoph Karl Jaspers (1883–1969), der Jesus neben Sokrates (um 470–399 v. Chr.), Buddha (um 560–480 v. Chr.) und Konfuzius (551–479 v. Chr.) zu den »maßgebenden Menschen« unserer Welt gezählt hat. Da empfiehlt es sich, sich doch einmal daran zu erinnern, wie Jesus, von dem es heißt, er sei uns Menschen in allem gleich gewesen außer der Sünde, es denn mit dem Tod vor dem Tod gehalten hat, sich gegenüber dem Tod vor dem Tod verhalten hat. Das Beispiel, das er da gegeben hat, ist maßgebendes, maßgebliches Beispiel – und das gerade denjenigen, für die Jesus *der* »maßgebende« Mensch ist, der darum wohl auch Maßgebendes, Maßgebliches in Sachen Umgang mit dem Tor vor dem Tod zu sagen hat.

Gegen den Tod, der Menschen durch die Sünde vom Leben (vor

dem Tod) »exkommuniziert« – denn buchstäblich ausgeschlossen von der Gemeinschaft des Lebens sind sie ja –, hat Jesus, der Mann aus Nazaret, Widerstand geleistet und zum Widerstand aufgerufen. Er, der ganz entschieden auch Parteigänger des Lebens vor dem Tode war, hat sich gegen eine sündhafte Beziehungslosigkeit gewandt, die immer Menschen »exkommuniziert« aus der Gemeinschaft derer am Tisch des Lebens.

Es ist und bleibt etwas Schlimmes und damit Sünde, jemanden aus der Gemeinschaft des Lebens auszusperren. Jesus hatte offensichtlich keine Beziehungs- und Berührungsängste gegenüber den »Exkommunizierten« des Lebens. Seine Lebenspraxis hat Zeichen – Lebens-Zeichen – gesetzt, und es waren wunder-bare Zeichen. Seine »Communio«-Praxis hat den vom Leben »Exkommunizierten« dadurch wieder Zugang zum Leben geschaffen, dass er ihnen Gemeinschaft, seine Gemeinschaft, Gemeinschaft mit ihm, anbot und sie so dem Bannkreis des Todes vor dem Tod entriss.

Jesus von Nazaret hat einen lebensfreundlichen »Communio«-Umgang gepflegt und damit gezeigt, wie Gott ist. Gott ist erklärter- und erwiesenermaßen gegen die Tode (vor dem Tod), die die Menschen nicht an den Tisch des Lebens gelangen lassen, die die Menschen neben dem Tisch des Lebens verhungern lassen. Gott ergreift stets für das Leben Partei. Gott will das Leben – und darum will ER auch, dass der Mensch das Leben wählt, den Weg des Lebens wählt: den Weg, der ihn und andere zum Leben jenseits des Todes, doch auch und gerade zum Leben diesseits des Todes führt. Gott, will, dass jeder, dass jede von uns ein »Doppelleben« hat: ein Leben diesseits und ein Leben jenseits des Todes. ER will, dass es uns in diesem wie in jenem Leben gut geht.

Doch immer wieder sind es (die) Menschen, die Menschen den Tod vor dem Tod bringen – und wenn etwas Sünde ist, dann das. Sünde bringt immer den Tod, den Tod vor dem Tod, und eben das ist das Schlimme daran. Wunden des Todes (vor dem Tod) an Leib und Seele tragen viele Menschen mit sich herum. Für das Leben vor dem Tod zu kämpfen, ist daher immer etwas Gutes.

3.5 »Auferweckung« und »Auferstehung« aus dem Tod vor dem Tod

Der dichtende Pfarrer Kurt Marti (* 1921) hat einen unbestrittenen Rang in der deutschsprachigen Dichtung der Gegenwart als vorbildliches Exemplar der kleinen Spezies christlicher Dichter – ein »Theopoet« eben, der seine »Theopoesie« schreibt. Wieder und wieder hat er sich dazu motivieren lassen, die Frage nach dem Leben vor dem Tod als Frage nicht weniger wichtig bzw. ernst zu nehmen als die Frage nach dem Leben nach dem Tod. Jede seiner »leichenreden« bestätigt das, so auch diese:

ihr fragt
wie ist die auferstehung der toten?
                    ich weiß es nicht
ihr fragt
wann ist
die auferstehung der toten?
                    ich weiß es nicht
ihr fragt
gibts
eine auferstehung der toten?
                    ich weiß es nicht
ihr fragt
gibts keine auferstehung der toten?
                    ich weiß es nicht
ich weiß
nur
wonach ihr nicht fragt:
                    die auferstehung derer die leben
ich weiß
nur
wozu Er uns ruft:
                    zur auferstehung heute und jetzt

Ein Spiel mit der Sprache ist es, was Kurt Marti in dieser Leichenrede treibt. Das gängige Verständnis von Auferstehung als Auferstehung nach dem Tod wird gesprengt. Die Auferstehung, die im Mittelpunkt dieser Leichenrede steht, ist die Auferstehung vor dem Tod, und das ist eben die Auferstehung vom Tod vor dem Tod. Auferstehung – dafür plädiert Kurt Marti ganz entschieden – ist also auch so zu denken, daß Menschen, die der Tod vor dem Tod ereilt hat, wieder aufstehen, wieder auferstehen zum Leben (bzw. wieder auferweckt werden zum Leben), das Leben wieder finden, wieder Leben finden, wieder ins bzw. zum Leben (zurück)finden. Gott als auferweckender Gott ist der, der auch zu dieser Auferstehung ruft, schärft der Schweizer Pfarrer seiner Gemeinde ein.

Wer so predigt, wie Kurt Marti es in dieser Leichenrede tut, ist ein echter »Protestant«. Denn er ist jemand, der protestiert gegen den Tod vor dem Tod und für das Leben vor dem Tod, da er begriffen hat, dass über die Auferstehung diesseits des Grabes, also über die Auferstehung vom Tod vor dem Tod zum Leben im Leben, zu wenig gepredigt wird.

Der Protest gegen den Tod vor dem Tod, der in den »leichenreden« eines Kurt Marti steckt, ist prophetischer Protest, und dieser Protest speist sich aus einem ganz besonderen Wunsch, den dieser »Theopoet« hegt. Es ist der

> Wunsch
> Daß Gott ein Tätigkeitswort werde.

Ob Gott ein Tätigkeitswort wird, entscheiden wir Menschen, wenn wir, die »Hörer« SEINES Wortes, dann bald auch die »Täter« SEINES Wortes werden und bleiben. Das Wunder der Auferstehung bzw. Auferweckung des Menschen aus dem Tod vor dem Tod – Gott will es wieder und wieder tun, doch – und vielleicht ist das das eigentlich Wunderbare dieses Wunders – ER will es nicht ohne uns, ER will es durch uns tun. So war es immer: Wunder geschehen, doch sie geschehen nicht ohne uns. Sie geschehen durch uns – so auch das Wunder, dass Menschen durch Menschen wieder auferweckt werden und so wieder auf(er)stehen können aus den Gräbern des Todes vor dem Tod. So oft das gefeiert werden kann, so oft wird ein kleines Ostern gefeiert, das wie das große Ostern ein Fest ist, das einen Sieg über einen Tod feiert.

Gott will auch den Tod vor dem Tod nicht, und wir Menschen sollen diesen Tod auch nicht wollen, ihn keinem und keiner bereiten.

Jeder Mensch soll ein Leben führen dürfen, gewinnen, das er lieb haben kann. Was Menschen dafür zu tun in der Lage sind, dass jeder Mensch ein »Liebhaber« seines Lebens sein kann, das sollten sie tun. Es ist ja buchstäblich absurd, wenn Menschen einander dadurch, dass sie sich den Tod vor dem Tod bringen, bereits Stück für Stück und Zug um Zug das Leben nehmen, bevor der Tod, der das Lebensende des Menschen auf dieser Welt bedeutet, es ihnen ganz nimmt.

Verbündete gegen den Tod vor dem Tod sollten die Menschen sein. So werden bzw. sind sie einander Helfer, Gott als den »Liebhaber des Lebens«, gerade auch des Lebens vor dem Tod, erfahrbar werden zu lassen. Denn es ist immer wieder furchtbar zu erleben, wenn der Tod ein Leben holen muss, das längst den Tod vor dem Tod gestorben ist. Wenn es schon sein muss, dass wir Todgeweihten diese Welt eines Tages verlassen müssen, dann doch wenigstens so, dass wir bei Lebzeiten füreinander das getan haben, was wir tun konnten, damit da im Leben eines jeden von uns (Menschen) nicht jede Menge Tod vor dem Tod, doch dafür jede Menge Leben vor dem Tod gewesen ist.

Wenn es zur Sache der Kunst des Sterbens gehört, dass jemand auch Frieden machen kann mit dem, was sein Leben gewesen ist, dann befördert die »Utopie«, dass »der Mensch dem Menschen ein Helfer« (Bertolt Brecht) dabei ist, das Leben vor dem Tod zu gewinnen, so (oft) sie denn »verortet« ist, so (oft) auch die Chance, das jener Friedensschluss mit dem eigenen Leben gelingen kann, da er ein Friedensschluss mit einem Leben ist, das wirklich gelebt werden konnte und gelebt werden durfte. Denn Frieden schließen mit einem Leben, das kein Leben sein konnte und durfte, fällt schwer, unendlich schwer.

4 Es gibt ein Leben nach dem Tod

4.1 Die letzten »Dinge« als die »Dinge« Gottes

Zwei Stimmen aus dem weiten Feld der Dichtung und Literatur des 20. Jahrhunderts wollen uns nachdenklich stimmen, ob wir (uns) wirklich etwas Gutes tun, wenn wir über die Erde den Himmel vergessen. In ihrem Gedichtband »Der Himmel im Kastanienbaum« bekennt die österreichische Schriftstellerin Christine Busta (1915–1987) in einigen wenigen Zeilen, die datiert sind auf den 2. Juli 1987:

> Ich glaube, daß jeder Mensch
> mit einer unerfüllten Sehnsucht
> von dieser Erde scheidet.
> Aber ich glaube auch,
> daß die Treue zu dieser Sehnsucht
> die Erfüllung unseres Lebens ist.

Was Christine Busta in diesen wenigen Zeilen sagen will, ist: es lebt eine Sehnsucht in uns, die größer ist, als dass die Erde sie erfüllen könnte. Diese Sehnsucht geht über die Erde hinaus. Sie ist eine Erinnerung daran, das Ziel dieser Sehnsucht, den Himmel, nicht zu vergessen.

Dass es eine Sehnsucht gibt, die sich auf dieser Erde nicht erfüllt, war wie für die Schriftstellerin Christine Busta auch für den Schriftsteller Heinrich Böll (1917–1985) überhaupt keine Frage. In einem Gespräch mit dem Tübinger Theologen Karl-Josef Kuschel sagte Heinrich Böll 1983:

(...) Der Mensch ist ja ein Gottesbeweis.

Wie meinen Sie das?

Die Tatsache, daß wir alle eigentlich wissen – auch wenn wir es nicht zugeben –, daß wir hier auf der Erde nicht zu Hause sind, nicht ganz zu Hause sind. Daß wir also noch woanders hingehören und woanders herkommen. Ich kann mir keinen Menschen vorstellen, der sich nicht – jedenfalls zeitweise, stundenweise, tageweise oder auch nur augenblicksweise – klar darüber wird, daß er nicht ganz auf diese Erde gehört.

Was Heinrich Böll sagen will, ist wohl dies: es ist in uns ein Überschuss an Sehnsucht, der über diese Welt hinausgeht – ein Überschuss, der eben nicht in dieser Welt seine Erfüllung findet. Eine unendliche Sehnsucht lässt sich eben nur am und im Unendlichen stillen. Eine solche Überlegung läuft jeder gegenteiligen Meinung zum Trotz dennoch nicht ins Messer der Religionskritik. Es geht keineswegs um eine billige Vertröstung aufs Jenseits, die die kirchliche Verkündigung – leider Gottes – lange, zu lange Zeit praktiziert hat und gegen die der Religionskritiker Friedrich Nietzsche (1844–1900) mit seiner beschwörenden Mahnung »Brüder, bleibt der Erde treu« zu Felde gezogen ist. Doch gerade dann, wenn Menschen durchaus willens sind, »der Erde treu« zu sein, und es tatsächlich auch sind, machen sie die Erfahrung, dass die Erde ihnen nicht letzte Heimat ist, nicht letzte Heimat, »nicht ganz« Heimat sein kann.

Warum kann sie das nicht? Der Kölner Schriftsteller versucht das damit zu beantworten, dass er – gut theologisch übrigens – den Gedanken unseres Woher und unseres Wohin in die Debatte wirft. Das ruft die Erinnerung wach an das, was von Jahrhundert zu Jahrhundert als ein grosses Wort des heiligen Augustinus (354–430) immer wieder bestätigt und bekräftigt worden ist: jenes Wort eben, das die Menschen so lange als unruhige Menschen sieht, bis sie ruhig werden in Gott. Gelesen werden darf dieses Wort durchaus auch so, dass uns Menschen eine Sehnsucht eingepflanzt, eingestiftet ist, die uns die Erde immer wieder überschreiten – transzendieren – lässt, die uns aufschauen lässt zum Himmel.

»Wo mag der Tod mein Herz lassen?« fragt (sich) die jüdische Dichterin Else Lasker-Schüler (1869–1945) in einem Gedicht, dem sie den Titel »Die Liebe« gegeben hat. Wann immer so gesprochen wird, wird die Sprache der Sehnsucht gesprochen, die sich fragt: Gibt es einen »Ort« jenseits des Todes, wo ich bleibend daheim, bleibend beheimatet sein kann? Gibt es eine bleibende Heimat jenseits des Todes, wo »mein Herz« gut aufgehoben ist?

Die Frage »Wo mag der Tod mein Herz lassen?«, die Else Lasker-Schüler beseelt, ist eine Frage, die eigentlich jeden Menschen beseelt, für den es keine ausgemachte Sache ist, dass mit dem Tod eben »alles aus« ist, wie es so heißt. Diejenigen, für die die Frage »Wo mag der Tod mein Herz lassen?« eine offene Frage ist, kommen jedenfalls nicht davon los, sich wieder und wieder die Frage zu stellen: Gibt es ein Leben nach dem Tod?

Der christliche Glaube beantwortet diese Frage mit einem klaren Ja, das kein gewusstes Ja, doch ein gehofftes Ja ist. Dass es ein Leben nach dem Tod gibt, ist in der Sicht des christlichen Glaubens keine Sache des Wissens. Es ist eine Sache des Hoffens – des Hoffens auf Gott, der uns die Treue jenseits des Grabes ebenso hält wie ER es diesseits des Grabes tut. So ist treu der »Logik« des christlichen Glaubens die Frage »Wo mag der Tod mein Herz lassen?« so zu beantworten: Im Tod wird unser

Herz zu Gott getragen, wenn wir es dahin tragen lassen, weil unsere Sehnsucht »ihre Schlüssel himmelwärts gedreht« (Nelly Sachs) hat.

»Unsere Heimat aber ist der Himmel.« So schreibt Paulus in seinem Brief an die Philipper (Phil 3,20). Damit will er sagen: Wem es gelingt, das Woraufhin seiner Sehnsucht zu entschlüsseln, der wird bald gewahr, dass sie sich auf den Himmel richtet als den »Ort«, den sie als »Ort« letztlich gesuchter Heimat erkennt und als »Ort« endgültig gefundener Heimat erhofft.

Himmel ist in der Sprache des christlichen Glaubens der Begriff dafür, dass Gott jedem Menschen als SEINEM Geschöpf eine ewige Heimat, eine ewige »Wohnung« bereitet hat, und diese Wohnung, diese Heimat ist ER selbst. Wenn Gott sich etwas wünscht, dann ist es das, dass alle Menschen den Weg zur ewigen Heimat bei IHM finden, Bewohner der »Wohnung« werden, die er als himmlische »Wohnung« allen Menschen bereitet hat. Heimat gefunden, Wohnung genommen zu haben in Gott, und zwar endgültig und damit für immer und ewig – das besagt es, als Mensch in den Himmel zu kommen.

Wenn der christliche Glaube über die Dinge jenseits des Todes als die »letzten Dinge« spricht, dann tut er das in der Gewissheit, dass sie die »Dinge Gottes« sind. Theologisch gültig über die »letzten Dinge« reden heißt daher immer über Gott reden – ganz so, wie es der schweizerische Theologe Hans Urs von Balthasar (1905–1988) mustergültig getan hat, als er einmal diesen Gedanken zu Papier brachte:

Gott ist das ‚Letzte Ding' des Geschöpfs. Er ist als Gewonnener Himmel, als Verlorener Hölle, als Prüfender Gericht, als Reinigender Feuer.

Was geschieht, wenn ein Mensch stirbt, hat der populäre russische Dichter Jewgeni Alexandrowitsch Jewtuschenko (* 1933) in zwei Strophen seines Gedichts »Uninteressante Menschen gibt es nicht« so beschrieben:

Jeder hat seine geheime Welt,
von einem schönsten Augenblick erhellt,
von einem schrecklichsten Tag versehrt:
und allen andern ist sie ganz verwehrt.

Und wenn ein Mensch stirbt, stirbt mit ihm
sein erster Schnee aus jener grauen Früh,

sein erster Kuß nachts und sein erster Zorn:
und all das nimmt er mit sich fort.

Gedichtet sind diese Zeilen in dichtester Nähe zu dem, was auch der christliche Glaube lehrt. Und was dieser Glaube lehrt, ist, dass ein Mensch, wenn er stirbt, die ganze Geschichte seines Lebens – das also, was sein Leben war mit dem Beglückenden und dem Bedrückenden, das es hatte – mit in den Tod nimmt und eben damit dann vor seinen Gott tritt. »Auferstehung« lautet das Hoffnungswort des Glaubens, das sagen will: Das Leben des Menschen wird durch den Tod nicht ausgelöscht (werden). Im Gegenteil! Es wird ihm Zukunft nach dem Tod geschenkt durch Gott, da ER der »Liebhaber des Lebens« (Weish 11,26) diesseits und jenseits des Todes ist. Wie Gott Jesus Christus, SEINEN Sohn, auferweckt und nicht im Tod gelassen hat, so wird er auch an jedem SEINER geliebten Söhne und an jeder SEINER geliebten Töchter, die wir Menschen als SEINE »Kinder« sind, handeln. Dafür hat er sich verbürgt.

4.2 Die »Dinge« des Gerichts

Gott erweckt uns auf als die, die wir in unserem Leben gewesen sind; ER erweckt uns auf als die, zu denen wir uns in unserem und durch unser Leben gemacht haben. Und wenn Auferweckung *durch* Gott eben Auferweckung *zu* Gott bedeutet, dann heißt das, dass wir dann Gott Auge in Auge, face to face, gegenüberstehen (werden). Der »Augenblick«, wo wir Menschen Gott gleichsam von Angesicht zu Angesicht gegenübertreten, wird dann der »Augenblick« sein, da wir der Wahrheit unseres eigenen Lebens innewerden.

Was in diesem »Augenblick« geschieht, ist das Gericht. Unser Leben gerät auf den »Prüfstand«, und die »Prüfungsfragen«, die uns dann gestellt sind, wo Gott uns in SEINEM Licht die Augen für uns selbst öffnet, lauten etwa: Sind wir in unserem Leben die geworden, als die Gott, unser Schöpfer, uns gemeint hat? Haben wir uns in unserem Leben zu denen gemacht, die wir kraft SEINER Berufung und Begnadung hätten werden können? Die Frömmigkeit des Chassidismus hat jedenfalls ganz entschieden diese Sicht der Dinge gehabt, denn die Frage der Fragen, die Gott einmal jedem Menschen in der kommenden Welt stellen wird, ist die Frage: Warum bist du nicht du selbst gewesen? Eine kleine chassidische Geschichte, die – bezeichnend genug – bereits die Überschrift »Die Frage der Fragen« hat, sagt das zu Sagende in einigen wenigen Zeilen:

Die Frage der Fragen

Vor dem Ende sprach Rabbi Sussja: »In der kommenden Welt wird man mich nicht fragen: ›Warum bist du nicht Mose gewesen?‹ Man wird mich fragen: ›Warum bist du nicht Sussja gewesen?‹«

Der englische Dichter Edward Young (1683–1765) sagt in echt englischem Humor dasselbe, wenn er schreibt: »Da wir doch alle als Originale geboren werden, wie kommt es dann eigentlich, dass wir als Kopien sterben?« Jeder Mensch – so lehrt es der jüdische und der christliche Glaube – hat seinen Ursprung (»origo«) in Gott und ist darum ein »Original« aus Gottes Schöpferhand. Und diese seine Originalität ist dem Menschen gegeben wie sie ihm aufgegeben ist. Das »Original« zu werden, das man ist – daran ist alles gelegen, denn ob im letzten Gericht der Mensch vor seinem Gott bestehen wird, entscheidet sich gerade auch daran, ob es dem Einzelnen gelungen ist, in seinem Leben er selbst zu sein oder nicht. Wie wir im Gericht vor Gott dastehen (werden), hängt also entscheidend davon ab, wie wir das scheinbar doch so Einfache vermocht haben: »das Selbst zu sein, das man in Wahrheit ist«, wie es der dänische Religionsphilosoph Sören Kierkegaard (1813–1855) immer wieder in seinen Schriften betont hat.

Dass gerade die Kunst, »das Selbst zu sein, das man in Wahrheit ist«, eine der schwersten Künste – da Gipfel jeglicher Lebenskunst – ist, wusste Kierkegaard nur zu gut, und jemand, der später die Sicht des dänischen Denkers unbedingt teilte, ist der 1891 in New York geborene und 1980 in Los Angeles gestorbene Schriftsteller Henry Miller gewesen. Er schrieb in seiner aus dem Leben eines Clowns erzählenden Novelle »Das Lächeln am Fuße der Leiter« die Sätze:

Du selbst zu sein, nur du selbst, ist eine große Sache. Aber wie macht man das, wie bringt man das fertig? Das ist der schwerste Trick von allen!

Das ist die »eine große Sache«, die der Einzelne in seinem Leben Gestalt annehmen lassen muss: er selbst zu sein und sich gerade dazu von Gott berufen und begnadet zu wissen. Um Gott zu gefallen, damit Gott SEIN Gefallen an ihm findet, braucht er kein anderer zu sein als eben er selbst. Gott hat ihn so gemeint, und was im Gericht offenbar wird, ist, inwieweit es uns gelungen ist, in unserem Leben die Menschen zu werden, die wir als einmalige und einzigartige Gedanken Gottes sind.

»Jeden mit anderer Stimme ruft Gott«, heißt es bei dem Dichter Hans Carossa (1878–1956) einmal, und so ist es tatsächlich. Jeder einzelne Mensch ist ein Ruf Gottes. Ob wir dieser einmalige und einzigartige Ruf Gottes während unseres Lebens geworden, ob wir die Einmaligen und Einzigartigen geworden sind, zu denen uns der Ruf Gottes bestimmt hat, wird sich im letzten Gericht zeigen. Im letzten Gericht werden wir der Wahrheit unseres Lebens inne. Die Masken fallen, denn wie im Gericht unverhüllte Gottesbegegnung geschieht, so auch unverhüllte Selbstbegegnung. Der Mensch, der dann vor Gott, dem Geheimnis seines Lebens, steht, wird gewahr, wie er als Ruf Gottes gedacht war und was er daraus gemacht hat.

Sich dieser Differenz bewusst werden zu müssen, ist ein Prozess, der keinem Menschen erspart bleibt. So oft dieser Prozess abläuft, so oft wird das Gericht zum Selbstgericht. Da ist dann kein Gott, der mit mir ins Gericht geht und das Urteil über mich spricht. Ich bin es, der in der Gegenwart des heiligen Gottes, Auge in Auge, face to face mit IHM, jetzt mit sich selbst ins Gericht zu gehen und sich selbst zu be-urteil-en hat. Wieder und wieder wird es dann so sein, dass der, der ich geworden bin, traurig den grüßen muss, der ich hätte werden sollen und können.

Das Licht, das uns die Augen über uns selbst aufgehen lässt und uns so befähigt, uns selbst zu be-urteil-en, ist das Licht Gottes. In SEINEM Licht sehen wir uns selbst als die, die wir in unserem Leben geworden sind. In SEINEM Licht werden wir der Wahrheit unseres Lebens gewahr. Die Frage, die wir uns im Gericht als Ereignis der Begegnung mit Gott und mit uns selbst stellen müssen, ist die Frage, ob wir genügend den Mut aufgebracht haben, Gottes einmalige und einzigartige Idee von uns in die Tat unseres Lebens umzusetzen.

Doch was bedeutet es, wenn es denn auch stimmt, wie die Heilige Schrift sagt, dass der Vater »das Gericht dem Sohn übertragen« (Joh 5,22) hat? Es bedeutet wohl, dass die Situation des Gerichts eine Situation sein wird, in der wir Menschen gerade auch dem menschge-

Bitte Absender nicht vergessen:
(mögl. in Druckschrift)

(Name)

(Vorname)

(Straße/Hausnr.)

(PLZ/Ort)

(Beruf)

Diese Karte habe ich dem nachstehend aufgeführten Buch entnommen:

Bitte frankieren wenn Briefmarke zur Hand

Postkarte – Antwortkarte

VERLAG

FRIEDRICH PUSTET

Briefanschrift

93008 Regensburg

Liebe Leserin, lieber Leser,

aus der unübersehbaren Fülle von Büchern haben Sie sich treffsicher für ein Pustet-Buch entschieden. Für die Lektüre wünschen wir Ihnen viel Freude. Wenn Sie auch in Zukunft gute Bücher aussuchen wollen, können wir Sie zielgenau in Ihren Interessengebieten informieren, selbstverständlich kostenlos und unverbindlich.
Dazu brauchen Sie hier nur anzukreuzen:

Religion/Theologie

- ☐ Gottesdienst / Verkündigung / geistliches Leben
- ☐ Pastoral / Katechese / Religionsunterricht
- ☐ Handbücher / Wissenschaft
- ☐ Ökumene / Systematische Theologie
- ☐ Kirchengeschichte

Geschichte

- ☐ Gesamtdarstellungen
- ☐ Biografien
- ☐ Ost- und Südosteuropa
- ☐ Ratisbonensia

Sie können das Programm auch online „treffen" unter www.pustetverlag.de (Geschichte) oder www.engagementbuch.de (Religion/Theologie).
Wir freuen uns auf Ihr Interesse

VERLAG
FRIEDRICH PUSTET
REGENSBURG

wordenen Gott gegenüberstehen. Gericht ist deshalb kein Geschehen, das von »ganz oben« kommt. Es ist vielmehr ein Geschehen in der Hand dessen, der selbst »ganz unten« bei uns Menschen als der (vom Himmel) heruntergekommene Gott gelebt hat. Er, Jesus Christus, in dem »die Güte und Menschenfreundlichkeit Gottes« (Tit 3,4) erschienen ist, wird uns im Gericht die Frage stellen, wie gütig und menschenfreundlich denn wir als Menschen den Mitmenschen gegenüber gewesen sind – besonders denen gegenüber, die als »Erniedrigte und Beleidigte« (Fjodor M. Dostojewskij) unter den Armen stets die Ärmsten sind. Wie es mit unserer Liebe zu ihnen war – danach werden wir im Jüngsten Gericht gefragt werden, danach werden wir uns im Jüngsten Gericht fragen lassen müssen.

Eigens zu dem Zweck, uns bleibend daran zu erinnern, solange wir noch in dieser Welt und noch nicht in jener Welt leben, bringt das Matthäus-Evangelium jene – leider zu wenig gehörte und daher auch zu wenig gekannte – Gerichtsrede, deren Rede eindeutig und unmissverständlich Mahnrede ist.

Dann wird der König denen auf der rechten Seite sagen: Kommt her, die ihr von meinem Vater gesegnet seid, nehmt das Reich in Besitz, das seit der Erschaffung der Welt für euch bestimmt ist. Denn ich war hungrig, und ihr habt mir zu essen gegeben; ich war durstig, und ihr habt mir zu trinken gegeben; ich war fremd und obdachlos, und ihr habt mich aufgenommen; ich war nackt, und ihr habt mir Kleidung gegeben; ich war krank, und ihr habt mich besucht; ich war im Gefängnis, und ihr seid zu mir gekommen. Dann werden ihm die Gerechten antworten: Herr, wann haben wir dich hungrig gesehen und dir zu essen gegeben, oder durstig und dir zu trinken gegeben? Und wann haben wir dich fremd und obdachlos gesehen und aufgenommen, oder nackt und dir Kleidung gegeben? Und wann haben wir dich krank oder im Gefängnis gesehen und sind zu dir gekommen? Darauf wird der König ihnen antworten: Amen, ich sage euch: Was ihr für einen meiner geringsten Brüder getan habt, das habt ihr mir getan.

Und dann wird er sich auch an die auf der linken Seite wenden und zu ihnen sagen: Weg von mir, ihr Verfluchten, in das ewige Feuer, das für den Teufel und seine Engel bestimmt ist! Denn ich war hungrig, und ihr habt mir nichts zu essen gegeben; ich war durstig, und ihr habt mir nichts zu trinken gegeben; ich war fremd und obdachlos, und ihr habt mich nicht aufgenommen; ich war nackt, und ihr habt mir keine Kleidung gegeben; ich war krank und im Gefängnis, und ihr habt mich nicht besucht. Dann werden auch sie antworten: Herr, wann haben wir dich hungrig oder durstig oder obdachlos oder nackt oder krank oder im Gefängnis gesehen und haben dir nicht geholfen? Darauf wird er ihnen antworten: Amen, ich sage euch: Was ihr für einen dieser Geringsten nicht getan habt, das habt ihr auch mir nicht getan. (Mt 25,34–45)

Jeder Mensch tut gut daran – das ist wohl die eigentliche Botschaft der so genannten Gerichtsrede im Matthäus-Evangelium –, sich, solange er lebt, immer wieder zu fragen, in der Gestalt welches Menschen bzw. welcher Menschen ihm Gott bzw. der Sohn Gottes, der »Menschensohn«, begegnen will. Grundsätzlich kann das die Gestalt jedes Menschen sein, da ja jeder Mensch »Ebenbild Gottes« (Gen 1,27) ist; doch gerade in der Gestalt des bzw. der erniedrigten und beleidigten Menschen will Gott als Gott erkannt sein, denn ER ist Gott gerade auch in den »Erniedrigten und Beleidigten«.

Sind wir Menschen die gewesen, die IHN, Gott, bzw. SEINEN Sohn, den »Menschensohn«, in den Hungernden und Dürstenden, den Fremden und Obdachlosen, den Kranken und Gefangenen tatsächlich erkannt haben, oder sind wir es nicht gewesen? Ob es sich so oder so verhält, das Jüngste Gericht bringt es an den Tag. Eines der geistlichen Lieder aus jüngster Zeit will uns jedenfalls die Wahrheit der Gerichtsrede aus dem Matthäus-Evangelium mahnend wieder in Erinnerung rufen und das tut es in diesen Strophen:

Jetzt ist die Zeit, jetzt ist die Stunde.
Heute wird getan oder auch vertan,
Worauf es ankommt wenn Er kommt.

Der Herr wird nicht fragen:
Was hast du gespart, was hast du alles besessen?
Seine Frage wird lauten:
Was hast du geschenkt, wen hast du geschätzt, um meinetwillen?

Der Herr wird nicht fragen:
Was hast du gewußt, was hast du Gescheites gelernt?

Seine Frage wird lauten:
Was hast du bedacht, wem hast du genützt um meinetwillen?

Der Herr wird nicht fragen:
Was hast du beherrscht, was hast du dir unterworfen?
Seine Frage wird lauten:
Wem hast du gedient, wen hast du umarmt um meinetwillen?

Der Herr wird nicht fragen:
Was hast du bereist, was hast du dir leisten können?
Seine Frage wird lauten:
Was hast du gewagt, wen hast du befreit um meinetwillen?

Der Herr wird nicht fragen:
Was hast du gespeist, was hast du Gutes getrunken?
Seine Frage wird lauten:
Was hast du geteilt, wen hast du genährt um meinetwillen?

Der Herr wird nicht fragen:
Was hast du geglänzt, was hast du Schönes getragen?
Seine Frage wird lauten:
Was hast du bewirkt, wen hast du gewärmt um meinetwillen?

Der Herr wird nicht fragen:
Was hast du gesagt, was hast du alles versprochen?
Seine Frage wird lauten:
Was hast du getan, wen hast du geliebt um meinetwillen?

Der Herr wird nicht fragen:
Was hast du erreicht, was hast du Großes gegolten?
Seine Frage wird lauten:
Hast du mich erkannt, ich war dein Bruder um deinetwillen.

Jetzt ist die Zeit, jetzt ist die Stunde.
Heute wird getan oder auch vertan,
Worauf es ankommt wenn Er kommt.

Es sind Fragen wie diese, die wir uns im Jüngsten Gericht stellen bzw. stellen lassen müssen – Fragen, die Mal um Mal darauf abzielen, dass wir wahrhaft erkennen, in welchem Maße es uns gelungen bzw. misslungen ist, dadurch, dass wir die Menschen ehren, Gott und SEINEN Sohn, den »Menschensohn«, wie es der Kirchenvater Irenäus von Lyon

(† um 202) gesagt hat, zu ehren. Mag sein, dass uns beim Jüngsten Gericht bewusst wird, wie wenig wir Menschen unseren Mitmenschen die gebührende Ehre erwiesen haben, wie wenig in den geringsten seiner Schwestern und Brüder wir den Sohn erkannt haben und wie wenig wir darum die richtige »Gotteserkenntnis« hatten – jene »Gotteserkenntnis« eben, die weiß, dass Gott als Gott gerade auch in denen erkannt sein will, die, aus welchem Grund auch immer, unsere Hilfe brauchen.

Die Sicht der Dinge, die davon ausgeht, daß Gott uns während unseres Lebens in einer Gestalt begegnet, in der wir IHN nicht vermuten, ist übrigens überhaupt kein christliches »Sondergut«. Der jüdische Glaube teilt diese Sicht der Dinge, was beispielsweise eine jüdische Geschichte beweist, die diese Begebenheit zu erzählen weiß:

Ein frommer Rabbi pflegte jeden Tag in den Tempel zu gehen. Da überkam ihn eines Tages der Wunsch, Gott zu begegnen. Und er trug auch gleich seine Bitte im Tempel vor: »Seit Jahren, Herr, komme ich täglich hierher, Dich zu besuchen. Es würde mich freuen, wenn auch Du einmal in mein Haus kämest, mich zu besuchen!« Gott antwortete ihm: »Morgen komme ich. Mach alles bereit!« Der fromme Rabbi lief eiligst nach Hause und traf alle Vorbereitungen für den Besuch. Er scheute keinen Aufwand und keine Mühe.

In aller Frühe des nächsten Tages, als das ganze Haus schon nach Sauberkeit, Kuchen und Süßspeisen duftete, kam ein kleiner Junge vorbei und bat um ein Stückchen Kuchen. Der Rabbi versuchte zu beschwichtigen: »Morgen, mein Junge, morgen sollst du deinen Kuchen bekommen. Heute, nein, das geht nicht, heute kommt Gott zu Besuch!« Und er schickte den kleinen Störenfried weg. Aber Gott schien es an diesem Tag gar nicht so eilig zu haben; er ließ lange auf sich warten. Mitten in diese erwartungsvolle Atmosphäre platzte ein müder Wanderer. Es war schon Mittag geworden, und er hatte Hunger. »Nein, heute nicht!« beschied ihm der fromme Rabbi, »weißt du, heute kommt Gott; da störst du bloß!« Der Tag neigte sich dem Ende zu, und Gott ließ immer noch auf sich warten. Als die Spannung schier unerträglich wurde, klopfte ein verschmutzter, kranker Bettler an die Tür. Auch er bekam vom frommen Rabbi ein abweisendes Wort zu hören: »Bitte, heute nicht. Morgen, wenn du willst, aber bitte nicht heute! Heute kommt Gott. Er muß jede Minute hier eintreffen. Geh, du störst bloß!«

Aber Gott kam nicht – nicht an diesem Tag. Und voller Zorn und Enttäuschung legte sich der fromme Rabbi schlafen. Am nächsten Morgen war seine Wut noch nicht verraucht, und er überhäufte Gott im Tempel mit derben Anklagen und zornigen Vorwürfen: »Seit Jahr und Tag komme ich in Deinen Tempel, dich zu besuchen. Ist es da zuviel verlangt, wenn du ein einziges Mal auch in mein Haus kommen sollst, mich zu besuchen?!«

Doch Gott antwortete ihm: »Was willst du denn? Dreimal war ich gestern bei dir. Dreimal hast du mich wieder weggeschickt!«

Der Gott, der als Gott erkannt sein wollte, in welcher Gestalt auch immer er während unseres Lebens zu uns kam, ist auch der Gott des Jüngsten Gerichts. Und so ist eben die Frage, ob wir es genügend vermocht haben, als Menschen offene Augen dafür zu haben, Gott tatsächlich in der Gestalt der Menschen wahrzunehmen, in denen er uns begegnen wollte.

Den Gott, dem wir im Jüngsten Gericht begegnen, brauchen wir nicht zu fürchten als einen »Buchhalter-Gott«, der nach kleinkarierten menschlich-allzumenschlichen Maßstäben uns richten wird. Das Gottesbild des »Buchhalter-Gottes« war und ist als durch und durch falsches Gottesbild Gift für jede gläubige »Seele«. Wo die Theologie Gott und Mensch von diesem Gottesbild befreit, ist sie »Theologie der Befreiung« im besten Sinn des Wortes. Jemand, der sich als Befreiungstheologe dieser Couleur unbezweifelbar seine Verdienste erworben hat, ist der Berner reformierte Pfarrer und Theopoet Kurt Marti, der ein Gedicht mit dem Titel »wenn die bücher aufgetan werden« geschrieben hat. Es handelt sich um ein Gedicht über das »Jüngste Gericht«, und sein Dichter dürfte mit einiger Sicherheit durch das »Dies irae«, jene ehemals in der Totenmesse gesungene Sequenz inspiriert worden sein, besonders wohl durch jene Strophe, die in der deutschen Übersetzung lautet:

Und ein Buch wird aufgeschlagen,
treu ist darin eingetragen,
jede Schuld aus Erdentagen.

Der christliche Dichter Kurt Marti sieht an dieser Textpassage deutliche Korrekturen fällig, und das dürfte ihn mehr als ausreichend motiviert haben, sein Gedicht so zu schreiben:

wenn
die bücher aufgetan werden

wenn sich herausstellen wird
dass sie niemals geführt worden sind:
weder gedankenprotokolle noch sündenregister
weder mikrofilme noch computerkarteien

wenn
die bücher aufgetan werden

und siehe! auf seite eins:
    »habt ihr mich für einen
    eckenspäher und schnüffler gehalten?«
und siehe! auf seite zwei:
    »der grosse aufpasser
    oder unbruder: eure erfindung!«
und siehe! auf seite drei:
    »nicht eure sünden waren zu gross –
    eure lebendigkeit war zu klein!«

wenn
die bücher aufgetan werden

So sieht sie aus – eine »Theologie« bzw. – besser gesagt – eine »Theopoesie« der Befreiung, die immer gut tut, sorgt sie doch dafür, dass Gott wieder als der in den Blick kommt, der er ist: der »Liebhaber des Lebens« (Weish 11,26), der, weil ER das ist, was ER ist, eben auch die Lebendigkeit des Menschen liebt – darin einbegriffen selbstverständlich die Lebendigkeit des Menschen in jener Liebe, die ganz aus der Haltung der »Leidempfindlichkeit« (Johann Baptist Metz) lebt und damit Augen hat dafür, den gekreuzigten Gott in der Gestalt der leidgekreuzigten Menschen zu erblicken und darum alles daran setzt, deren Leid(en) nach Kräften zu mindern und zu mildern.

4.3 Die »Dinge« des Fegfeuers

Dass wir das oft nicht bzw. nicht genug getan haben, Leid(en) nach Kräften zu mindern und zu mildern, wird uns im »Prozess« des Gerichts bewusst werden, und dass dies ein schmerzhafter Prozess sein dürfte, ist keine Frage. Unter Schmerzen wird uns bewusst, wie viel wir den Leidenden dieser Welt schuldig geblieben sind, doch auch, wie viel Lebendigkeit wir unserem (ab)gelebten Leben schuldig geblieben sind, wie wir es schuldig geblieben sind, wirklich die Menschen zu werden, die zu werden uns gegeben und aufgegeben war.

Die Erfahrung des »brennenden« Schmerzes über das Misslungene, Missratene, das es in unserem Leben gibt, die sich unweigerlich einstellt, wenn wir Gott von Antlitz zu Antlitz gegenüberstehen, ist die Erfahrung des Fegfeuers. Wenn die katholische Kirche lehrt, dass es dieses Feuer gibt, dann deshalb, weil sie der unerschütterlichen Überzeugung ist, dass Gott uns durch das Feuer SEINER Liebe dazu bereitet, das ewige Leben zu empfangen. Das Verständnis des Fegfeuers als eines unbestimmten »Ortes« irgendwo im Jenseits ist ein Missverständnis, dem zu wehren ist. Ein theologisch stimmiges und gültiges Verständnis der Wirklichkeit »Fegfeuer« ist da gewonnen, wo begriffen ist, dass damit die Wirklichkeit Gottes selbst gemeint ist, dass ER, Gott, an und in uns wie ein reinigendes und läuterndes Feuer wirkt, wenn wir als Gestorbene IHM begegnen.

Besser geeignet als das deutsche Wort »Fegefeuer« ist da das lateinische Wort »Purgatorium«, das gerade den Aspekt der Läuterung und der Reinigung betont. Doch auch der Aspekt, der durch das deutsche Wort »Fegfeuer« ausgedrückt ist, hat seine Berechtigung. Denn der Schmerz, der mit der Läuterung und Reinigung unserer selbst einhergeht, dürfte tatsächlich ein wie Feuer in unserer Seele brennender Schmerz sein. Weniges scheint so evident wie die Tatsache, dass dann, wenn wir vor Gott stehen als die, die wir durch die Taten unseres Lebens geworden sind, ein Schmerz in unserer Seele brennen wird darüber, dass vieles, was hätte wohlgelingen und wohlgeraten können, nicht bzw. nicht genügend gelungen und geraten ist und manches gar misslungen und missraten ist: so etwa die Sache, die zu werden in unserem Leben, die wir kraft Berufung und Begnadung hätten werden können; so etwa die Sache, nicht das Maß an Leidempfindlichkeit ausgeprägt zu haben im eigenen Leben, das wir den Leidenden dieser Welt, woran auch immer diese zu leiden haben, schuldig sind; so etwa die Sache, Gott, den »Liebhaber des Lebens«, zu wenig dadurch geehrt zu haben, ebenfalls ein »Liebhaber des Lebens« geworden zu sein, was immer das heißen kann und darf.

Was die kirchliche Dogmatik als Fegfeuer bezeichnet, ist demnach dies und immer wieder dies: »daß wir Gelegenheit erhalten, die Jahre unserer Lebenszeit noch einmal durchzugehen unter den Augen der ewigen Liebe und Güte, die Gott ist, und daß wir, wenn wir das tun, dabei gerade auch gewahr werden, wie sehr wir unser Leben oft genug verraten und verformt haben« (Eugen Drewermann). Und gleichermaßen verraten und verformt haben wir unser Leben, wo wir nicht bzw. nicht genügend die geworden sind, als die wir von Gott gemeint waren; wo wir es an Liebe haben gerade da fehlen lassen, wo es an Liebe nicht fehlen durfte; wo wir zu wenig die Parteigänger des Lebens vor dem Tod gewesen sind, besonders da, wo dieses Leben bei unseren Mitmenschen bedrohtes und gefährdetes Leben war.

Gibt es einen Schmerz, der »brennender« wäre als der Schmerz darüber, auf diese oder jene Weise das eigene Leben verraten und verformt zu haben, und zwar endgültig? Einen »brennenderen« Schmerz als diesen, dass uns die Gewissheit quält, dass das Geschehene nun einmal geschehen ist und als solches irreversibles Geschehen ist, und dass das, was daran wieder gut zu machen wäre, nicht mehr wieder gut gemacht werden kann, da der Tod uns dazu die Gelegenheit genommen hat, gibt es in der Tat nicht. Dieser Schmerz ist buchstäblich »brennender« Schmerz – Schmerz, der uns auf der Seele brennt, und insofern sind die »Seelen«, die diesen Schmerz erleiden müssen, tatsächlich, wie es früher hieß, »arme Seelen«.

Doch sind wir Menschen, wenn wir die Wirklichkeit Gottes als die eines reinigenden und läuternden Feuers erfahren, das die Dinge, durch die wir unser Leben verraten und verformt haben, gleichsam »wegfegt«, dennoch keineswegs – salopp gesagt – nur arm dran. Denn die Wirklichkeit der reinigenden und läuternden Liebe und Güte Gottes hat als einzige Wirkung die, dass die Dinge unseres Lebens »verbrennen«, die vor den Maßstäben Gottes, die ewige Maßstäbe sind, keinen Bestand haben können, und dass wir Menschen »entbrennen« in einer Liebe zu Gott, die dann buchstäblich eine Liebe »auf immer und ewig« ist.

Was also im Fegfeuer letztlich geschieht, ist, dass die Dinge, unseres Lebens, die es verhindern, dass Gott ganz bei uns ankommt und wir ganz bei Gott ankommen, »weggebrannt« werden. Und da es im Leben eines jeden Menschen von uns Dinge gibt, die bis in unseren Tod

Dinge geblieben sind, die Hindernisse sind, dass Gott in uns eingeht und wir in IHN eingehen, müssen wir durch das Fegfeuer durch, damit wir endgültig bei IHM und ER endgültig bei uns sein kann. So besehen ist die Botschaft vom Fegfeuer tatsächlich »Frohe Botschaft«, lebt sie doch ganz aus der Hoffnung, dass es Gott in der Kraft seiner läuternden und reinigenden Liebe schaffen wird, uns Menschen zu »Gefäßen« zu machen, die bereit sind, sich von SEINEM Leben, das ewiges himmlisches Leben ist, erfüllen zu lassen.

4.4 Die »Dinge« der Hölle

Und die Hölle? Ist sie nicht, so sie existiert, der schlagende Beweis dafür, dass es Gott nicht in jedem Fall gelingt, das Herz der Menschen zu gewinnen? Ist sie nicht, so sie existiert, der eklatante Widerspruch zu der theologischen These, dass wir letztlich nicht ruhen, als bis wir ruhen in Gott, und dass Gott nicht ruht, als bis ER ruht in uns?

Tatsächlich sind es eine ganze Reihe von Fragen, die sich daran knüpfen, dass als eines der »letzten Dinge« auch die Hölle genannt wird. Was die theologische Rede über die Hölle betrifft, so empfiehlt sich da speziell jene Zurückhaltung, die sich generell empfiehlt, immer wenn die Rede auf die so genannten »letzten Dinge« kommt. Wie kein Mensch über das Sterben reden kann so, als sei er bereits gestorben und wisse daher, was bzw. wie das sei: Sterben, so kann auch kein Mensch über die »letzten Dinge« so reden, als sei er bereits etwa im Reich des Himmels oder im Reich der Hölle gewesen und wisse daher, was bzw. wie das sei: Himmel, Hölle. So unsinnig es ist, was »seriöse« Theologen ernsthaft noch Anfang des 20. Jahrhunderts versucht haben: die Temperatur des Höllenfeuers zu berechnen, so unsinnig ist es, darüber zu spekulieren, wie viele Menschen einmal die Hölle bevölkern werden.

Wer theologisch verantwortet über die Hölle reden will, tut gut daran, sich wieder und wieder daran erinnern zu lassen, dass es in der zweitausendjährigen Geschichte der Kirche keinen einzigen offiziellen Lehrentscheid eines Papstes oder eines Konzils gibt, der besagen würde, die Hölle sei bevölkert, oder der auch nur von einem einzigen Menschen behaupten würde, er sei »definitiv« in die Hölle gekommen. Eine Tatsache, die besonderes Gewicht einfach deshalb hat, weil die Kirche im Gegenzug über die Jahrhunderte immer wieder einzelne Menschen »heilig gesprochen« hat und damit ihre unerschütterliche Gewissheit ausgedrückt hat, dass diese Menschen »definitiv« auf ewig bei Gott, also auf ewig im Himmel sind.

Wenn Theologen in diesen Tagen über die Hölle sprechen, dann unterstreichen sie regelmäßig zwei Gedanken: 1. den Gedanken, dass es sich dabei um eine reale Möglichkeit unserer menschlichen Freiheit handelt, und 2. den Gedanken, dass überhaupt nicht gesagt ist, diese reale Möglichkeit sei tatsächlich jemals reale Wirklichkeit geworden. Was über die Hölle gesagt werden kann, muss auf diesen beiden Sätzen aufbauen, denn so und nur so ist die Gewähr gegeben, dass die theologische Rede über die Hölle nicht verunglückt und dadurch – gewollt oder nicht gewollt – Unglück über die Menschen bringt. Denn wo hat die eschatologische Rede der Theologie schwerer gesündigt als da, wo sie den Traktat über die Hölle als Mittel eingesetzt hat, die Menschen zu traktieren mit einer gepredigten Botschaft, die Droh- statt Frohbotschaft war und als Angst machende Botschaft Gift für etliche gläubige »Seelen« war?!

»Angst essen Seele auf« – so lautet der Titel eines Filmes des Schriftstellers, Schauspielers und Regisseurs Rainer Werner Fassbinder (1945–1982) aus dem Jahre 1973, und eben diese verheerende Wirkung haben etliche »Höllenpredigten« – auch die, die noch im 20. Jahrhundert gehört wurden – tatsächlich gehabt. Es war eine »schwarze« Pädagogik, die – ganz auf dem Prinzip »Angst« aufbauend – die »Logik« solcher Predigten bestimmte. Wenn dagegen in jüngerer und jüngster Zeit die christliche Eschatologie das Thema »Hölle« aufgreift, dann ist da die »Logik« bestimmend, die – auf dem Prinzip »Ernst« aufbauend – darauf abhebt, dass die Freiheit der Menschen letztlich dann und nur dann wirklich ernst genommen ist, wenn sie auch die Freiheit der Möglichkeit ist, sich für oder gegen Gott und das ewige Leben in der Gemeinschaft mit IHM zu entscheiden. Freiheit wäre nicht Freiheit, hätte sie nicht auch diese Möglichkeit. Doch ob ein Mensch jemals diese Möglichkeit seiner Freiheit in Wirklichkeit überführt hat bzw. überführen wird, das muss offen bleiben. Ja, es gibt Grund zur Hoffnung, dass kein Mensch jemals die fürchterliche Möglichkeit seiner Freiheit Wirklichkeit werden lässt, sich auf immer und ewig gegen Gott und SEIN Heil zu entscheiden, und dieser Grund ist Gott selbst.

Zwar stimmt es, wenn gesagt wird, dass Gott uns SEIN Heil nicht »über den Kopf unserer Freiheit hinweg« (Karl Rahner) schenkt und eben das der Ernst der Freiheit ist, dass sie sich Gott und SEINEM Heil so – annehmend – oder so – ablehnend – gegenüber verhalten kann. Doch es stimmt auch, dass Gott der ist, der nichts unversucht lassen wird, jeden einzelnen Menschen für sich und SEIN Heil zu gewinnen. Gesetzt den Fall, ein Mensch will Gott und SEIN Heil nicht – was dann? Dann ist selbst Gott machtlos, dann kann selbst Gott nichts machen. Warum ist das so? Es ist darum so, weil Gott immer der ist, der die Freiheit des Menschen als des Gegenübers SEINER Liebe ernst nimmt. Gottes Liebe zum Menschen will dessen Gegenliebe. Und wie die Liebe zwischen Menschen ein Geschehen von Freiheit zu Freiheit ist, so ist es auch die Liebe zwischen Gott und Mensch. Gottes Liebe will auf Gegenliebe beim Menschen stoßen, und wie unter Menschen erwiderte Liebe immer in Freiheit erwiderte Liebe ist, so ist auch die die Liebe Gottes erwidernde Liebe des Menschen in Freiheit erwiderte Liebe.

So und nur so kann es sein. Gott ist der, der stets die Freiheit des Menschen, SEINES Geschöpfs, respektiert, und weil ER das tut, lebt ER mit dem Risiko, dass Menschen diese letzte Freiheit, die sie haben, nicht nur in dem Sinn eines letzten Ja zu IHM und SEINEM Heil gebrauchen können. Doch Gott ist dieses Risiko ganz bewusst eingegangen, denn als Bundes-Gott will ER den Menschen als Bundes-Partner. Gottes Weise, den Menschen für sich und SEIN Heil zu gewinnen, ist daher immer eine Weise, die die Freiheit des Menschen nicht einfach übergeht bzw. überrollt. Gottes Liebe freut sich über die freie Gegenliebe des Menschen. Gott, der nicht ohne uns Gott sein will, wirbt um unsere freie Gegenliebe. Wenn jedoch ein Mensch letztlich Mensch ohne Gott sein will, bleibt selbst Gott nichts anderes übrig, als diesen Willen des Menschen zu respektieren.

Doch wäre Gott wirklich Gott, wenn wir IHM nicht zutrauen dürften, dass ER, der »die Allmacht der freien Gewinnung« (Gottfried Bachl) ist, Wege zu gehen weiß, die es IHM gelingen lassen, letztlich doch das Herz eines jeden Menschen für sich und SEIN Heil zu gewinnen, ohne dabei die Freiheit des Menschen einfach zu übergehen bzw. zu überrollen? Tatsächlich ist dies die Frage der eschatologischen Fragen: Was trauen wir Gott nicht bzw. nicht mehr zu, wenn wir davon ausgehen, dass die Möglichkeit der Hölle als schlimme Möglichkeit der Freiheit tatsächlich dieses oder jenes Mal schlimme Wirklichkeit geworden ist?

Grund, es Gott zuzutrauen, dass er letztlich die Freiheit eines jeden Menschen für sich und SEIN Heil gewinnen wird, haben wir genug. Was wollen denn etwa die drei Gleichnisse – das Gleichnis vom verlorenen Schaf, das von der verlorenen Drachme und das vom verlorenen Sohn (Lk 15,3–32) – uns sagen, wenn nicht dies, dass Gott der ist, der keinen und keine von uns verloren gibt in Ewigkeit?

Verloren das Schaf, verloren die Drachme, verloren der Sohn – und dann: wieder gefunden das Schaf, wieder gefunden die Drachme, wieder gefunden der Sohn. So lautet jedenfalls die dreimal gleiche »Logik« der Gleichnisse. Dreimal wiederholt das Lukas-Evangelium den Gedanken, dass Freude darüber herrscht, dass Verlorengegangenes wieder gefunden ist. Gott gibt nicht auf – das ist die Frohe Botschaft des Lukas-Evangeliums in Kapitel 15,3–32 –, bis wieder gefunden ist, was wieder gefunden sein will.

Gleichnisse wie diese drei sind es, die uns zu der Hoffnung berechtigen, dass die Hölle in Ewigkeit leer bleiben wird, da Gott der ist, der nicht ruhen wird, als bis auch der letzte Mensch ruhen wird in IHM bzw. ER in ihm. Gerade wenn wir Gottes Allmacht auch als die »Allmacht der freien Gewinnung« denken dürfen, dann dürfen wir die Hoffnung haben, dass SEIN Liebeswerben, das auf die freie Gegenliebe des Menschen aus ist, Erfolg hat und so die Liebesgeschichte zwischen Gott und Mensch buchstäblich ein glückliches Ende findet.

Kann Gott, der Schöpfer, dessen Schöpfung »Schöpfung aus Liebe« ist und der den Menschen als SEIN Geschöpf so gewollt hat, dass er SEINE Liebe erwidern soll, es ertragen, dass ein Mensch verloren geht? ER kann es nicht, weil ER selbst Liebe ist. Liebe gibt niemals und niemanden auf, und Gottes Liebe macht es da nicht anders. Wenn unsere Hoffnung daher aus einem Grund lebt, dann letztlich aus diesem, dass die Liebe Gottes, die nicht Ruhe gibt, bis sie weiß, dass sie das Herz jedes Menschen gewonnen hat, siegen wird. Wäre die Hölle bevölkert, wäre das gewiss eine Tragödie, ein Scheitern, ein Unglück für die Menschen; denn dann gäbe es Menschen, die Gott auf immer und ewig verloren hätten. Wäre die Hölle bevölkert, wäre das jedoch ebenfalls auch eine Tragödie, ein Scheitern, ein Unglück für Gott; denn dann gäbe es Menschen, die Gott auf immer und ewig verloren hätte.

Ewig von Gott getrennt zu sein – das wäre das Leid der Menschen in der Hölle. Und gerade deshalb muss die theologische These gewagt sein, dass, gesetzt den Fall, es gäbe die Hölle tatsächlich, dieser Tatbestand Gott Leid brächte. Denn wie sollte Gott sich in Ewigkeit damit abfinden (können), dass Menschen ewig von der Gemeinschaft mit IHM ausgeschlossen sein und bleiben sollten? ER, Gott, könnte sich damit nicht abfinden, und weil ER das nicht könnte, wäre die Ewigkeit der Hölle auch die Ewigkeit des Leids Gottes, der es einfach nicht verschmerzen könnte, Menschen (auf) ewig getrennt von SICH und SEINEM Leben zu wissen.

Denn könnte – so wäre ja weiter zu fragen – die Freude des Himmels wirklich ungeteilte Freude sein, wenn da die Gewissheit wäre, dass ein Teil der Menschen dieser Freude »definitiv« ewig nicht teilhaftig ist? Wäre Gott mit einem solchen Himmel glücklich, und wären wir Menschen es? So gewiss Gott nicht mit einem solchen Himmel letztlich zufrieden und einverstanden sein kann, da die Bestimmung eines jeden Menschen, der SEIN Geschöpf ist, der Himmel ist als die Wirklichkeit, da der Mensch endgültig Gott gewonnen hat und Gott endgültig den Menschen, so wenig können wir Menschen es.

Weil Gott alle Menschen liebt, kann letztlich für IHN der Himmel nur Himmel sein, wenn ER da auch alle Menschen wieder findet. Und für uns Menschen kann ebenfalls der Himmel nicht Himmel sein, wenn wir da nicht auch die Menschen wieder finden, die wir auf der Erde geliebt und die uns auf der Erde geliebt haben. Die auf der Erde in Liebe verbunden waren, können gar nicht anders wollen, als auch im Himmel in Liebe verbunden zu sein.

In seinem Hörspiel »Festianus, Märtyrer« aus dem Jahre 1958 hat der Schriftsteller Günter Eich (1907–1972) die Geschichte eines Mannes erzählt, der offensichtlich begriffen hat, dass das Glück des Himmels kein vollkommenes Glück sein kann, solange es Menschen gibt, die von diesem Glück ausgeschlossen sind. Festianus – so heißt dieser Mann – will jedenfalls nicht im Himmel sein und bleiben, wenn da nicht auch die Menschen sind, die er in seinem Leben gekannt und geliebt hat und die ihn gekannt und geliebt haben: seine Eltern Faustinus und Faustina, der Wirt Salcipius, die Kellnerin Octavia, Saufea, Titus – und das sind längst nicht alle.

Und da seine in den Ohren des großen Märtyrers Laurentius »unerhört« klingende Bitte, ihnen allen, selbst wenn sie schwere Sünder waren, doch die Pforte des Himmels zu öffnen, buchstäblich »unerhört« bleibt, fasst der kleine Märtyrer Festianus den großen Entschluss, dahin zu gehen und da zu bleiben, wo die sind, die er so gern im Himmel bei Gott und bei sich gesehen und gewusst hätte.

Festianus verlässt den Himmel, geht in die Hölle und bleibt da, denn eben da sind die Menschen, ohne deren Gegenwart der Himmel auch nicht Himmel für ihn sein kann. Er weiß, dass er damit einen gewagten Schritt tut, doch er tut diesen Schritt bewusst und bedacht, beseelt ihn doch die unerschütterliche Hoffnung, dass einer aus dem Himmel, der bereit ist, das Los der in die Hölle Gelangten zu teilen, den Teufelskreis der Hölle vielleicht zu sprengen vermag. Dass er diese große Hoffnung hat, will der kleine Märtyrer Festianus durch seinen Schritt »bezeugen«, und dass er »Zeuge« dieser großen Hoffnung ist, – großartig ist das gewiss. Der »Ortswechsel«, den er ausführt, ist ein »Ortswechsel«, der ausdrückt: Wenn es gelingt, dass jemand aus der Endgültigkeit des Himmels den Weg zu denen in der Hölle findet, dann gelingt es vielleicht auch, dass aus der Endgültigkeit der Hölle Wege zum Himmel gefunden und gangbar werden, so dass der Imperativ, der die Inschrift des Höllentores bildet: »Die ihr dieses Tor durchschreitet, laßt alle Hoffnung fahren!«, wie Dante Alighieri (1265–1321) in seinem Epos »Die Göttliche Komödie« sagt, dann ein durchaus revidierbarer Imperativ wäre.

Die große Menschlichkeit, die der kleine Märtyrer Festianus »bezeugt«, weshalb er selbstverständlich ein großer »Zeuge« ist, ist die Menschlichkeit, die sich in seinem großen Wunsch Bahn bricht, die Seligkeit des Himmels nicht ohne die, die ihm am Herzen lagen und denen er am Herzen lag, gewinnen zu wollen. Was seine Menschlichkeit ausmacht und auszeichnet, ist, dass sie wurzelt in einer letzten – eschatologischen – Hoffnung, keiner und keine werde letztlich ausgeschlossen und ausgesperrt sein von der Wirklichkeit, die die Wirklichkeit des Himmels ist. Seine Menschlichkeit ist die Menschlichkeit eines Menschen, der sich lieber mit den vom Himmel Ausgeschlossenen und Ausgesperrten solidarisiert, als ohne sie den Himmel »genießen« zu wollen. Ein Himmel, der Ausgeschlossene und Ausgesperrte kennt, dessen Glück kann bestenfalls ein »kleines« Glück sein. Ein Himmel, dessen Glück ein »großes« Glück sein soll – und dass das Glück des Himmels unbedingt ein »großes« Glück sein muss, daran hat der Märtyrer Festianus keinen Zweifel –, muss ein Himmel sein, wo letztlich alle versammelt sind, die als Menschen auf der Erde gelebt haben. Die große Hoffnung, die ihn beseelt, ist darum eine echte solidarische Hoffnung, der es darum geht, dass alle in den Himmel kommen, dass alle bei Gott ankommen.

Christliche Hoffnung kann eigentlich auch gar nicht anders, als so zu hoffen. Hoffnung, die christliche Hoffnung ist, muss immer Hoffnung sein, die weiß: es ist zu wenig, wenn ich lediglich darauf hoffe, dass »ich« einmal in den Himmel komme, dass »ich« einmal bei Gott ankomme, dass »ich« das ewige Leben erlange. Christliche Hoffnung ist demgegenüber immer Hoffnung, die für jeden und für jede mithofft und so darauf hofft, dass alle einmal in den Himmel kommen, dass alle einmal bei Gott ankommen, dass alle das ewige Leben erlangen.

4.5 Die »Dinge« des Himmels

Jemand, der den Gedanken der Hoffnung auf einen Himmel, der Himmel für alle ist, ohne jeden Zweifel immer wieder bestätigt und bekräftigt hat, ist der französische Schriftsteller Charles Péguy (1873–1914) gewesen. Was seine große eschatologische Hoffnung war, hat er in seinem 1910 erschienenen Werk »Le Mystère de la charité de Jeanne d'Arc« (»Das Mysterium der Erbarmung Jeanne d'Arcs«) zu Papier gebracht.

Wir müssen uns alle zusammen retten! Zusammen beim lieben Gott ankommen! Zusammen vor ihn treten! Wir dürfen nicht die einen ohne die anderen zu ihm kommen. Alle zusammen sollen wir heimkehren ins Haus unseres Vaters. Man muß auch etwas an die anderen denken; etwas müssen wir auch füreinander arbeiten. Was würde ER wohl von uns denken, wenn wir ohne die anderen zu IHM kämen, ohne die anderen heimkehrten?

Wie ein spätes Echo dieses Charles Péguy doch so wichtigen eschatologischen Hoffnungsgedankens klingt jener Satz aus der Erklärung »Unsere Hoffnung«, die die »Würzburger Synode« am 22. November 1975 verabschiedet hat, der lautet: »Erst wo unsere Hoffnung für die anderen mit hofft, … hört sie auf, klein und ängstlich zu sein und verheißungslos unseren Egoismus zu spiegeln«.

Weil die Wirklichkeit des Himmels eine soziale Wirklichkeit ist, ist das »Rette deine Seele!« keine gültige Lebensperspektive und es auch zu keiner Zeit gewesen. Wem es nur um seine »Seele« und seinen Gott geht, dessen Hoffnung ist verkürzte Hoffnung.

Von einer solchen verkürzten – da privatistischen und egoistischen – Hoffnung handelt eine Legende, die der russische Schriftsteller Fjodor Michailowitsch Dostojewskij (1821–1881) in seinem Roman »Die Brüder Karamasoff« der Figur der Gruschenka in den Mund gelegt hat. Bekannt geworden ist diese Legende, die sich die einfachen Leute des gläubigen Russland einstmals erzählten, unter dem Titel »Das Zwiebelchen«. Wiedergegeben ist sie bei Dostojewskij so:

Also: Es lebte einmal ein altes Weib, das war sehr, sehr böse und starb. Die Alte hatte in ihrem Leben keine einzige gute Tat vollbracht. Da kamen dann die Teufel, ergriffen sie und warfen sie in den Feuersee. Ihr Schutzengel aber stand da und dachte: Kann ich mich denn keiner einzigen guten Tat von ihr erinnern, um sie Gott mitzuteilen? Da fiel ihm etwas ein, und er sagte zu Gott: »Sie hat einmal«, sagte er, »in ihrem Gemüsegärtchen ein Zwiebelchen herausgerissen, und es einer Bettlerin geschenkt.« Und Gott antwortete ihm: »Dann nimm«, sagte er, »dieses selbe Zwiebelchen und halte es ihr hin in den See, so dass sie es zu ergreifen vermag, und wenn du sie daran aus dem See herausziehen kannst, so möge sie ins Paradies eingehen, wenn aber das Pflänzchen abreißt, so soll sie bleiben, wo sie ist.« Der Engel lief zum Weibe und hielt ihr das Zwiebelchen hin: »Hier«, sagte er zu ihr, »fass an, wir wollen sehen, ob ich dich herausziehen kann!« Und er begann vorsichtig zu ziehen – und hatte sie beinahe schon ganz herausgezogen, aber da bemerkten es die anderen Sünder im See, und wie sie das sahen, klammerten sie sich alle an sie, damit man auch sie mit ihr herauszöge. Aber das Weib war böse, sehr böse und stieß sie mit den Füßen zurück und schrie: »Nur mich allein soll man herausziehen und nicht euch, es ist mein Zwiebelchen und nicht eures!« Wie sie aber das ausgesprochen hatte, riss das kleine Pflänzchen entzwei. Und das Weib fiel in den Feuersee zurück und brennt dort noch bis auf den heutigen Tag. Der Engel aber weinte und ging davon.

Eine einzige Tat der Liebe, und sei sie auch noch so klein (gewesen), verdient die ewige Seligkeit des Himmels, weshalb Gott jeden bzw. jede, der bzw. die eine solche Tat begangen hat, auch entsprechend »belohnen« wird. Das ist die erste eschatologische Botschaft der volkstümlichen christlichen Legende, die den Glauben der einfachen Leute des damaligen Rußland spiegelt – eine Botschaft, für die auch Dostojewskij sich ungemein begeistern konnte.

Es gibt Geschichten, die sind wie Lichter. Die Geschichte »Das Zwiebelchen« ist eine Geschichte, die wie Licht ist. Das Licht, das sie leuchten lässt, ist das Licht der Hoffnung, dass Gott auch den Menschen, der nur mit einem winzigen »Körnchen Liebe« (Adrienne von Speyr) den Ruf SEINER Liebe beantwortet hat, zu sich in die Seligkeit des Himmels aufnimmt. Und die zweite eschatologische Botschaft der »Das Zwiebelchen« betitelten Legende, in der die gläubige Seele des russischen Volkes damals, wie es Dostojewskij noch erleben durfte, ganz urwüchsig spricht, ist – auf den Punkt gebracht – die, dass »Heilsegoismus« kein »Ismus« ist, mittels dessen sich der Himmel gewinnen lässt. Die Legende legt ja geradezu den Gedanken nahe, dass der dünne Faden, den das Zwiebelchen bildete, gehalten hätte, hätte sich das alte Weib nicht so böse verhalten und versucht, die sich an sie klammernden Sünder einfach abzuschütteln.

Von Gott und seiner Gnade darf man eben nicht physikalisch denken. Der Halt, den das Zwiebelchen bot – so lehrt die Legende in dem Weißen zwischen den Worten –, hätte gegen jede physikalische Wahrscheinlichkeitstheorie zugenommen und nicht abgenommen mit der Zahl der Sünder, die sich an die alte Sünderin gehängt hätten. Doch da die alte Sünderin überhaupt nur an sich und ihre Rettung denken konnte, brachte sie sich gerade dadurch wie übrigens die übrigen Sünder auch um die buchstäblich letzte Chance, gerettet zu werden. Das eschatologische Verhängnis nahm so seinen Lauf. Und dabei wäre es so einfach gewesen, gerettet zu werden. Bedurft hätte es dazu lediglich einfach dieser Sicht der Dinge: daß – im Bild der Legende gesprochen – der bzw. die nicht »nach oben« – nach Gott – kommen kann, der bzw. die »nach unten« – nach den Menschen – tritt.

Offensichtlich waren es die einfachen Leute des gläubigen Russland zur Zeit des Dichters Dostojewskij, die sich die einfache Wahrheit des Herzens bewahrt hatten, wie sie die Legende »Das Zwiebelchen« ausspricht, und das ist die Wahrheit, dass es sich wieder und wieder bewahrheitet: wie der Mensch sich selbst um das Leben vor dem Tode bringt, wenn er es nur für sich und nicht gleichermaßen auch für seine Mitmenschen will, so bringt er sich ebenfalls um das ewige Leben bei Gott, wenn er da nach demselben Schema verfährt – dem sich letztlich als tödlich erweisenden Schema, dessen irrige »Logik« die »Logik« ist, der Himmel schenke sich dem, der ihn für sich und nicht gleichermaßen auch für seine Mitmenschen will.

Wenn der Himmel als Gemeinschaft der Menschen untereinander und mit Gott »Communio«-Gestalt hat, dann kann und darf es nicht so sein, dass ich mich ohne die anderen Menschen retten (lassen) will. Dann muss es ganz einfach so sein, dass die Hoffnung auf den Himmel Hoffnung aller für alle ist. Dass alle Menschen einander wieder finden mögen in der Gemeinschaft der Seligen und Heiligen, einzig dieser Wunsch ist der Wunsch eschatologischer Hoffnung, der groß genug ist, da er solidarisch genug ist.

Wenn jeder für jeden hofft, dann ist dies keine trügende Hoffnung, dann ist dies eine tragende Hoffnung. Christlich hoffen heißt essentiell, dass jeder für jeden den Himmel erhofft. Und wenn wir Menschen zu solcher Hoffnung bereit sind, keinen und keine endgültig verloren zu geben, sollte Gott sich dann – salopp gesprochen – da lumpen lassen?! In der Haltung, in der jeder für jeden hofft, halten wir einander fest und aneinander fest, geben wir (Gott) zu verstehen, dass wir uns nicht ohne einander ins ewige Leben retten (lassen) wollen. Wenn sich von einer Hoffnung leben lässt, dann von solcher Hoffnung. Denn was sollte und müsste Gott bewegen können, allen Menschen das ewige Leben zu schenken, wenn nicht die Hoffnung, in der jeder für jeden einsteht?!

Worauf dürfen wir also hoffen, wenn wir sterben? Gewiss dürfen wir auf die hoffen, die uns im Tod vorausgegangen sind und bei Gott angekommen sind. Wenn es Menschen sind, die wir geliebt und die uns geliebt haben, dann werden diese Menschen, die jetzt im Leben Gottes leben, kein kleines Interesse daran haben, den Himmel, in dem sie sind, auch mit uns einmal zu teilen. So jedenfalls denkt auch Bernhard Langemeyer OFM, emeritierter Professor für Dogmatik, und schreibt darüber in seinem 1999 erschienenen Buch »Mit den Toten leben« etwa diese Zeilen:

Wenn ich an meine verstorbenen Eltern und Geschwister denke, kann ich mir nicht vorstellen, sie seien vollkommen glücklich oder wollten es auch nur sein ohne ihre Lieben, die sie zurückgelassen haben. Sie können nicht ganz zur Ruhe kommen, solange sie uns nicht bei sich haben. Sie sorgen sich darum, daß auch wir einmal zu ihnen kommen.

Was Bernhard Langemeyer im Blick auf seine Eltern und Geschwister sagt, das lässt sich guten Gewissens erweitern um die Gruppe unserer Freunde, Verwandten und Bekannten, ja letztlich entgrenzen auf jeden Menschen, der es während seines Lebens einmal gut mit uns gemeint hat. Keiner dieser Menschen – so sind die Dinge, die »letzten« Dinge, wohl zu sehen – wird ohne uns im Himmel sein wollen. Und so gewiss wir darauf hoffen dürfen, so gewiss auch darauf, dass Gott ebenfalls will, dass das ewige Licht, das ihnen leuchtet, auch einmal jedem und jeder leuchtet, die sie bei sich und bei Gott in der Freude des ewigen Lebens wiederzusehen hoffen.

In seinem »Tagebuch«, das der Schweizer Schriftsteller Max Frisch (1911–1991) in den Jahren 1966 bis 1971 geführt hat, befindet sich auch ein »Fragebogen«, der sich dem Themenbereich des Sterbens und des Todes widmet. Eine der Fragen, die da aufgelistet sind, lautet: »Haben Sie Freunde unter den Toten?« Warum er der Leserschaft seines »Tagebuches 1966–1971« gerade auch diese Frage stellt, sagt der Schweizer Schriftsteller nicht. Vielleicht wird sich dieser oder jener Leser, der sich gefragt sah, ob er tatsächlich »Freunde unter den Toten« hat, wenig später auch gefragt haben, wozu es denn gut ist, »Freunde unter den Toten« zu haben, und wusste vielleicht gerade diese Frage sich nicht zu beantworten.

Der christliche Glaube weiß, wozu es denn gut ist, »Freunde unter den Toten« zu haben. Unsere »Freunde unter den Toten« – wer immer sie sein mögen – sind die, die nicht ohne uns im Himmel sein wollen; sie sind die, die in den Wohnungen des Himmels bereits endgültig daheim sind und längst dabei sind, uns da ebenfalls eine Wohnung zu bereiten. Dass dem tatsächlich so ist, darf uns als Gewissheit unserer Hoffnung begleiten, wenn wir sterben. Meine »Freunde unter den Toten« werden da sein – so darf ich hoffen –, wenn ich sterbe.

Bei der Feier des kirchlichen Begräbnisses wird auf dem Weg zum Grab gesungen: »Zum Paradies mögen Engel dich geleiten, die heiligen Märtyrer dich begrüßen und dich führen in die heilige Stadt Jerusalem.« Was verbietet es uns, neben der Schar der Engel und Märtyrer, die uns, wenn wir gestorben sind, geleiten, begrüßen und führen, auch die Schar unserer »Freunde unter den Toten« gesellt zu denken, die uns empfangen und bei Gott für uns eintreten werden?

Jemand, der ganz sicher war, »Freunde unter den Toten« zu haben, ist Peter Wust (1884-1940), »der Philosoph von Münster«, gewesen. Philosoph war dieser Mann kraft Beruf und Berufung, denn er war »dem Wortsinn nach noch ein Professor, ein Bekenner, der eine bekennende Philosophie vortrug« (Walter Nigg). Über sein »Amt« als Philosoph hat Peter Wust einmal gesagt: »Ich bin Philosoph, und Philosophen dürfen sich nicht fürchten, wenn es um die Wahrheit geht.« Bekannt hat sich der Münsteraner Philosoph zu diesem Satz die ganze Zeit seiner akademischen Lehrtätigkeit über. Und bekannt dazu hat er sich selbstverständlich auch, als es »um die Wahrheit« seines Sterbens und seines Todes ging. Gegen Ende des Jahres 1937 wurde bei ihm ein Oberkieferkrebs diagnostiziert, der später dann auch auf den Kehlkopf übergriff, was bedeutete, dass der jetzt der Sprache beraubte Philosoph fürchterlichste Schmerzen zu erdulden hatte. In einem auf den 23. August 1939 datierten Brief schrieb Peter Wust seinem Sohn Benno einmal auch diese Zeilen:

Übrigens drängt alles in mir hinüber nach jenem fernen Land, wo ich meinen guten Vater wiederfinden werde und meine liebe Mutter und so manche anderen Menschen, die mir wertvoll sind. Ich habe Heimweh, ein brennendes Heimweh, nach den Tiefen der Ewigkeit.

»Heimweh« nach seinen »Freunden unter den Toten« – das hatte der Mensch, der Peter Wust war, ebenso wie er »Heimweih« hatte »nach den Tiefen der Ewigkeit«, als deren tiefste und letzte Tiefe er »die Ewige Liebe«, die Gott ist, wusste. Einen – bescheidenen – Wunsch hatte er unbedingt. Er sprach ihn einmal so aus:

Ich will nur noch eben ein Stehplätzchen haben im Himmel für 10 Pfennig, nicht mehr. Denn ich könnte den Gedanken nicht ertragen, nicht wenigstens von ferne, ganz von ferne, die Ewige Liebe schauen zu dürfen.

»Ungewißheit und Wagnis« – so lautet der Titel eines seiner Bücher. Ganze zehn Jahre hat der philosophische Denker Peter Wust daran gearbeitet, bis es dann 1937 gedruckt vorlag. Es gilt als sein Hauptwerk, was übrigens auch seine eigene Überzeugung war. Seine ganze »Lebensphilosophie« hat der Münsteraner Philosoph bereits in den Titel seines Buches gepackt, der besagt, was das Leben der Menschen ist. »Ungewißheit und Wagnis« ist es, denn – so hat Peter Wust es einmal berechnet: die »Summe des Lebens«, »durch Vernunft dividiert«, geht niemals »ohne Rest« auf«.

Die Mathematik des Lebens kennt immer einen »Rest«; die Gleichung unseres Lebens geht eben nicht glatt auf. Spätestens bemerken wir Menschen das, wenn wir gewahr werden, dass in jeder unserer »Lebensrechnungen« der Faktor »Tod« der Faktor ist, der das Leben letztlich als »Ungewißheit und Wagnis« erfahren lässt. »Ungewißheit und Wagnis« – wo wären beide mehr gegeben als da, wo ein Mensch seinen Tod zu sterben hat?! Was kann da helfen, den Tod, den wir Menschen zu sterben haben, so nicht zu verstehen, so doch zu bestehen? Peter Wust hat diese Frage beantwortet gefunden durch ein Wort des Dichters Johann Wolfgang von Goethe (1749-1832), das lautet: »Wenn du stille wirst, wird dir geholfen.« Denn mit diesem Wort beschließt der Philosoph sein Buch »Ungewißheit und Wagnis«. Warum gerade die Stille? Peter Wust war sich sicher: Wo sich uns der Raum der Stille öffnet bzw. wir uns dem Raum der Stille öffnen, da öffnet sich uns der Raum des Geheimnisses bzw. da öffnen wir uns dem Raum des Geheimnisses. Und den Raum dieses Geheimnis erkannte er als den Raum Gottes.

Wie er es sich gewünscht hatte, wurde Peter Wust auf dem kleinen Friedhof des Dorfes Mecklenbeck bei Münster (später dann eingemeindet) begraben. Der da seine letzte Ruhestätte gefunden hat, hat seinem Jugendfreund Pater Mathias Jager SDB ein Wort anvertraut, das als sein buchstäblich endgültiges Wort, was sein Sterben und seinen Tod betrifft, gelten kann. Es ist das Wort:

Ich habe das letzte, vorbehaltlose Ja gesprochen zu allem, was Gott mit mir vorhat. Er ist die Liebe: es ist ein ganz großes Glück, in die Hände der Ewigen Liebe zu fallen.

Der Weg zu diesem »Glück« ist beschrieben auf seinem Grabstein:

> Aus dem Wirklichkeitstraum
> Durch Ungewißheit und Wagnis
> In den Wirklichkeitsraum
> Der Geborgenheit in Gott.

KUNST UND GNADE DES GUTEN STERBENS

Ich bitt um keine andre Gunst,
nur eine Gabe hätt ich gern:
Ich üb und lerne keine Kunst,
nur daß ich sterben lern!
Rudolf Alexander Schröder

Der Beitrag, den die christliche Lebenspraxis dazu leisten kann, der Kunst des guten Sterbens ein echtes »Comeback« zu bereiten, lebt ganz aus dem überzeugend gelebten Glauben, dass der Satz, der besagt, dass wir mitten im Leben im Tode sind, eben auch umgekehrt gilt und dann den Satz ergibt, dass wir mitten im Tode im Leben sind.

Martin Luther (1483-1546), dem der Satz »Mitten im Leben sind wir vom Tod umfangen« aus dem alten St. Gallener Hymnus durchaus bekannt war, hat es jedenfalls gewagt, den Satz so umzukehren, dass er dann eben lautet: »Mitten im Tod sind wir vom Leben umfangen.« Denn aus der Sicht des Glaubens, so seine These, dürfe, ja müsse, wenn jener Satz gesagt werde, auch dieser Satz gesagt werden. Gepredigt hat er diesen Gedanken im Jahre 1523 am Fest Mariä Heimsuchung so:

... media vita in morte *kers umb* media morte in vita sumus [,] sic dicit [,] sic credit Christianus.

Ein Christ ist für Martin Luther demnach der, der »sagt« und »glaubt«, dass der Satz, der besagt, dass wir mitten im Tod in der Hand des Lebens sind, ebenso wahr ist wie der Satz, der besagt, dass wir mitten im Leben in der Hand des Todes sind. Die Stimme, die zu der Umkehrung des Satzes »Media vita in morte sumus« in den Satz »Media morte in vita sumus« berechtigt – daran lässt Martin Luther keinen Zweifel –, ist die »viva vox Euangelii« – die lebendige Stimme des

Evangeliums. Diese Stimme ist es, die uns dazu ermächtigt, der mächtigen Macht des Satzes, der uns sagt, dass wir mitten im Leben vom Tod umfangen sind, die mächtigere Macht des Satzes entgegenzusetzen, dass wir mitten im Tod vom Leben umfangen sind.

Wann immer sie glaubend ergriffen wird, ist die Botschaft, mitten im Tode vom Leben umgriffen zu sein, eine frohe Botschaft par excellence. Das Leben, das uns im Tode umgreift, ist ja das Leben Gottes selbst. Denn ewig ist und bleibt Gott der »Liebhaber des Lebens« (Weish 11,26) – und das diesseits und jenseits des Grabes. Gott ist der, der uns nahe ist in unserem Leben, und Gott ist der, der uns auch nahe ist in unserem Tod. In Jesus Christus, seinem Sohn, der das Leben und den Tod von uns Menschen geteilt hat, ist er uns Menschen ganz nahe gekommen.

Woraus letztlich die große Kunst des guten Sterbens lebt, hat sich Henri Nouwen (1932–1996), dem bekannten Lehrmeister in der Kunst des geistlichen Lebens, erschlossen, als er die Bekanntschaft einiger Trapezkünstler machte. In seinem Buch »Die Gabe der Vollendung. Mit dem Sterben leben« berichtet er seiner Leserschaft davon, was er bei diesen Künstlern über die Kunst des guten Sterbens gelernt hat:

Eines Tages saß ich mit Rodleigh, dem Leiter der Truppe, in seinem Wohnwagen und unterhielt mich mit ihm übers Fliegen durch die Luft. Er sagte: »Als Luftspringer muß ich absolutes Vertrauen auf den haben, der mich auffängt. Sie und das Publikum halten vielleicht mich für den großen Star am Trapez, aber der wirkliche Star ist Joe, mein Fänger. Er muß für mich im Bruchteil einer Sekunde parat sein und mich aus der Luft angeln, wenn ich in hohem Bogen auf ihn zufliege.«

»Wie klappt das immer?«, fragte ich zurück. »Nun«, sagte Rodleigh, »das Geheimnis besteht darin, daß der Flieger nichts tut und der Fänger alles! Wenn ich auf Joe zufliege, muß ich bloß meine Arme und Hände ausstrecken und darauf warten, daß er mich auffängt und sicher auf die Rampe zurücksetzt.«

»Und Sie tun dabei nichts!«, erwiderte ich ziemlich überrascht. »Nein, gar nichts«, wiederholte Rodleigh. »Das Schlimmste, was der Flieger tun kann, ist, nach dem Fänger greifen zu wollen. Aber ich soll ja nicht den Joe auffangen, sondern er mich. Würde ich nach Joes Handgelenken greifen, könnte ich sie brechen, oder er könnte die meinen brechen, und das wäre für uns beide das Aus! Ein Flieger soll nichts als fliegen, ein Fänger nichts als auffangen; und der Flieger muß mit ausgestreckten Armen völlig darauf vertrauen, daß sein Fänger im richtigen Augenblick nach ihm greift!«

Als mir Rodleigh das mit so großer Überzeugung sagte, kam mir der Ausspruch Jesu in den Sinn: »Vater, in deine Hände lege ich meinen Geist« (Lukas 23,46). Sterben heißt, völlig auf den Fänger vertrauen! Und wenn man sich eines Sterbenden annimmt, sagt man zu ihm: »Hab keine Angst. Denk daran, du bist Gottes geliebtes Kind. Er wird zur Stelle sein, wenn du deinen großen Sprung machst. Versuch nicht, nach ihm zu greifen, denn er greift nach dir. Streck einfach die Arme und Hände weit aus und vertrau, vertrau, vertrau.«

Wieder einmal bewahrheitet sich: Die großen Dinge des Lebens sind einfach. Denn es ist so einfach wie wahr: Die große Kunst des guten Sterbens braucht das große Vertrauen. Was es demnach eigentlich zu lernen gilt, so jemand die Kunst des guten Sterbens erlernen will, ist: Vertrauen zu haben. Die Gebärde, Vertrauen zu haben, ist die Urgebärde der Kunst des guten Sterbens.

Menschen haben gelegentlich den Wunsch geäußert, an der Hand eines Menschen sterben zu wollen. Das ist ein guter Wunsch. Gute Sterbebegleiter sind darum die, die einem sterbenden Menschen diesen buchstäblich letzten Wunsch gut und gern erfüllen – bis zu dem Zeitpunkt, der der Zeitpunkt des Todes ist. In diesem Zeitpunkt geschieht das Unbegreifliche: Gott ist da in unserem Todes-Fall und greift mit SEINEN Händen nach uns, wenn wir sterbend fallen.

Um das Gelingen der Kunst des guten Sterbens zu beten, das immer geschenktes Gelingen – gratis gegebene Gnade – ist, gerade auch das gehört elementar zur Sache einer sich christlich begreifenden Kunst des guten Sterbens. Denn es ist tröstlich, das letzte Gelingen dieser Kunst in die Hände dessen legen zu dürfen, bei dem es in guten Händen ist: bei Gott. Jemand, der darum gewußt hat, ist der französische Dichter Antoine de Saint-Exupéry (1900-1944) gewesen. Denn in seinem Roman »Die Stadt in der Wüste« lässt er den Herrscher einmal auch dieses Gebet sprechen:

Wenn ich sterben werde.

Herr, ich komme zu Dir, denn ich habe in Deinem Namen den Akker bestellt. Dein ist die Saat.
Ich habe diese Kerze gebildet. An Dir ist es, sie anzuzünden.

Ich habe diesen Tempel gebaut. An Dir ist es, sein Schweigen zu bewohnen.

Im Gespräch

Renée Rauchalles – Bernhard Sill

Versöhnung mit dem Tod?

Bernhard Sill: *Wir führen dieses Gespräch in München, Ihrer Geburtsstadt, wo Sie leben und arbeiten. Sie studierten in München an der Meisterschule für Graphik (Diplomabschluss), hatten eine mehrjährige Gesangs- und Schauspielausbildung, waren dann tätig in der Buch- und Zeitschriftenillustration, der Gestaltung von Kunst- und Filmplakaten, haben im Bereich von Graphik und Layout gearbeitet. Nach einigen Jahren aktiver Theaterarbeit als Schauspielerin und Sängerin widmen Sie sich jetzt überwiegend der Malerei. Gerade als Künstlerin sind Sie eine wache, kritische Zeitgenossin. Wie nehmen Sie unsere Zeit wahr?*

Renée Rauchalles: Ich nehme sie wahr als eine Zeit des Auf- und Durchbruchs, die sowohl mit alten Strukturen bricht als auch in neue Dimensionen vordringt. Ähnlich muss es gewesen sein, als die industrielle Revolution über die Menschen hereinbrach. Die technische Revolution hat uns überrollt, mitgerissen und lässt die auf der Strecke, die nicht mithalten können. Technik ist für den Menschen zwar eine große Hilfe, wenn er sie beherrscht, doch sie kann auch schädlich werden, wenn er sie nicht beherrscht.

Der Mensch kann mit seiner langsamen Entwicklung der schnelllebigen Zeit nicht folgen, sein Körper wird darauf mit immer mehr Störungen reagieren. Schon heute kann man ein rapides Ansteigen von daraus resultierenden Krankheitssymptomen beobachten. Was liegt dann näher, als den Körper mit den neuen medizinischen Errungenschaften, z. B. mittels Genmanipulationen, widerstandsfähiger zu machen? Wir werden eines Tages Körperteile ersetzen, aber den gestörten Energiefluss im Körper nicht in Ordnung bringen können, genauso wenig wie heute.

Die Schöpfung, so scheint es, liegt heute durch Technologie, Biotechnologie und Genforschung in der Hand der Forscher und Wissenschaftler. Je mehr sie diese Bereiche erfassen und in den Bauplan des Menschen eingreifen können, umso klarer wird, dass sie die Schöpfer unserer Zukunft, unserer Welt und wahrscheinlich auch des Menschen von morgen sind, denn diese Revolution bedeutet einen Eingriff in die Gestaltung des Menschen, dessen Evolution zukünftig durch die Bio- und Gentechnologie bestimmt wird.

Forschung lässt sich nicht aufhalten, Entwicklung nicht stoppen. Vor allem dann nicht, wenn sie ausreichende finanzielle Mittel zur Verfügung hat, die wir ihr selbst in die Hand geben und durch die Forschung und Wissenschaft eines Tages als stärkster und machtvollster Wirtschaftszweig über die Gesellschaft und ihre Politik bestimmen können. Forschung tut Not, die Frage ist nur, wie weit darf sie gehen, muss sie gehen. Und wie weit wird sie gehen mit ihren Eingriffen in die Natur, ohne dass wir ausreichend informiert werden? Wir können Unheil nur abwehren, wenn wir darum wissen, ich bin aber sicher: Vieles wissen wir nicht. Die Gefahr der Illusion, der Euphorie ist sehr groß, wenn Neues entdeckt bzw. gefunden wird, und Missbrauch ebenso vorprogrammiert.

Ich denke, dass uns da noch manche Überraschung bevorsteht. Wir dürfen uns nicht nur dem Neuen hingeben. Altes und Neues müssen zuerst in Balance gebracht und stabilisiert werden, bevor weitere Entwicklung möglich ist. In vielerlei Hinsicht werden wir heute mit den Grenzen des Fortschritts unüberhörbar konfrontiert, zahlen wir einen zu hohen Preis.

Über Schriftsteller wird gesagt, dass sie im Grunde genommen doch immer nur ein einziges Buch geschrieben haben, selbst wenn sie etliche Bücher geschrieben haben. Denn bei einem Schriftsteller, der zehn oder zwanzig Bücher geschrieben hat, taucht immer wieder eine Grundidee als Grundgedanke auf, die in den verschiedenen Büchern thematisch Variation um Variation erfährt. Können Sie das im Blick auf Ihre Erfahrung beim Malen bestätigen? Gibt es auch bei Ihnen eine ganz bestimmte Leitidee, auf die sie in Ihrem künstlerischen Schaffen gleichsam immer wieder zurückkommen, und ist diese Leitidee, wenn Sie das Wortspiel gestatten, eine Leididee, was sagen will: eine Idee, geboren aus dem Leid, geboren daraus, dass Sie daran leiden, dass etliche Dinge eben so sind wie sie sind, obwohl sie so eigentlich nicht sein und auch nicht bleiben dürften?

Ihr wunderbares Wortspiel trifft die Sache im Kern: Ja, eine Leididee ist für alle meine Bilder der Leitgedanke. Bevor ich diese ausdrücken konnte, musste ich allerdings selbst erst einmal akzeptieren lernen, dass es – wie Sie es so treffend ausdrücken – Dinge gibt, die eben so sind, obwohl sie so nicht sein und auch nicht bleiben dürften. Die Machtlosigkeit, die ich dieser Tatsache gegenüber empfand, ließ mich früher nahezu verzweifeln.

Es gab eine Zeit, da habe ich sehr damit gehadert, in diese Welt hineingeboren worden zu sein. Ich hatte immer das Gefühl, ich sei eine Fremde zwischen all der Lieblosigkeit, Grausamkeit, Gefühllosigkeit, zwischen all den Seelenverkäufern in den Haifischbecken, alles erschien mir wie eine große Lüge.

»Ja, eine ›Leididee‹ ist für alle meine Bilder der Leitgedanke«

Ich verstand nicht, warum der Mensch den Mensch bekriegt, ihn foltert, ihn tötet – trotz aller Gesetze. Ich verstand nicht, warum man Tiere quält, missbraucht und sie durch Missachtung und Tötung straft. Ja, ich verstand vieles nicht. Ich wunderte mich darüber, dass immer wieder Gras wuchs über unsere blutgetränkte Erde und dass auch die Sonne sich nicht verdunkelte, denn ihr Schein blieb trotz allen Tötens ungetrübt in Sicht.

Ich suchte und suchte mein Paradies, meine Heimat, die ich nicht einmal in der Natur finden konnte. Auch da schien mir das Fressen und Gefressenwerden so grausam, dass ich einem Gott, der all das zuließ, nicht verzeihen wollte und konnte. Das Wissen darüber, dass die Natur eben so ist, war mir kein Trost. Mein Leidensdruck war eines Tages so groß, dass ich mich vor die Entscheidung gestellt sah: akzeptieren oder nicht akzeptieren. In vielen kleinen Schritten habe ich meine Heimat in mir gefunden, habe nicht nur akzeptieren, sondern auch begreifen gelernt, dass unsere gesamte Existenz auf dem Prinzip der Dualität beruht und ich mit den Spielregeln dieser Daseinsform zurechtkommen muss und dass es nur an mir liegt, wie ich damit zurechtkomme.

Erst durch die Distanz, durch das Lösen meiner eigenen Verstricktheit mit dem gesamten Leid der Schöpfung wurde ich fähig, mich durch Verzweiflung nicht mehr lähmen zu lassen, sondern im Gegenteil auf eine für mich passende Art und Weise zu handeln. Und erst die Versöhnung mit der Unabwendbarkeit unserer realen Welt machte es mir möglich, mich für das Leben, so wie es ist, zu entscheiden und es innerhalb meines kleinen Kreises nach meinen Vorstellungen zu gestalten. Das kleine Glück ist groß geworden!

»Das Kunstwerk ist dem Tode abgetrotzt« – so überschrieb Fritz J. Raddatz einmal einen Beitrag für die Hamburger Wochenzeitung »DIE ZEIT«. In seiner Sicht der Dinge ist das gesellschaftliche »Tabu-Thema Tod« geradezu »jene Zone, … in der der Künstler haust sein lebenlang«, und »Schreiben« – heißt »ankämpfen gegen das ausrinnende Stundenglas …«. Heißt aus Ihrer Sicht Malen das auch?

Wenn es – ganz vordergründig gesehen – um den Faktor Zeit geht, so könnte ich eigentlich ständig gegen den Mangel an Zeit ankämpfen, aber das habe ich (fast) aufgegeben. Ich führe mehr den Kampf, diese Art Kampf sein zu lassen, denn gegen die verrinnende Zeit anzukämpfen macht mich unzufrieden und unruhig.

Ich habe im Laufe der Zeit gelernt, meine eingeschränkten Möglichkeiten zu akzeptieren, da ich ja aufgrund meiner gesundheitlichen Voraussetzungen nicht ständig an der Staffelei stehen und malen kann. Überdies ist Quantität nicht meine Sache, und ich möchte auch nicht die gängigen Ansprüche bedienen, in jeder Ausstellung neue Bilder zeigen zu müssen. Mir geht es mehr um Thema und Inhalt, als darum, in festgelegte Schablonen zu passen. Ein fanatisches Malen-Müssen, um gegen das ausrinnende Stundenglas anzukämpfen, würde bei mir eher das Gegenteil bewirken. Ich brauche immer wieder Abstand, um das Gefühl des Unverbrauchtseins zu erhalten, ich mag keine Routine.

Ich kenne den Kampf gegen die ausrinnende Zeit – was ja auch den Kampf gegen das Vergessenwerden symbolisiert – natürlich von Kollegen, besonders wenn sie älter sind. Dann überfällt sie eine unglaubliche Schaffenskraft, so als wollten sie die Zeit aufhalten und ihr den eigenen Stempel aufdrücken und sich und ihre Kraft festhalten in Bildern, die unvergänglich sind. Es ist, als hätten sie ihre Jugend zurückgewonnen, als wollten sie sagen, wir und unsere Bilder sind stärker als die Zeit.

Doch die Realität holt uns alle ein, so wie den gut aussehenden jungen Mann in der Geschichte »Das Bildnis des Dorian Gray« von Oscar Wilde: Gray lässt sich porträtieren, das fertige Bildnis zeigt ihn in der Frische und Reinheit seiner Jugend, die er sich nun mittels dieses Bildes zu erhalten hofft, während das gemalte Porträt statt seiner altern soll. Gray, dem nun keine Stunde mehr zu schlagen scheint, führt daraufhin ein exzessives Leben. Doch sein inneres Stundenglas ist erbarmungslos. Sein Porträt konfrontiert ihn im Laufe der Zeit immer mehr mit seinem inneren Verfall, während er nach außen hin unverändert bleibt. Er zerbricht schließlich am Anblick seines Bildes, das sich durch seinen lasterhaften Lebenswandel immer mehr zur höhnenden Grimasse verwandelt hat.

Es ist eben nichts für die Ewigkeit. Natürlich würde ich mich – wie wohl jeder Künstler – darüber freuen, wenn meine Bilder meinen Tod und noch etwas darüber hinaus überdauern, aber ich habe nicht den Anspruch, mich verewigen zu müssen, dafür lebe ich zu sehr im Jetzt. Es kann so viel passieren zwischen Heute und Morgen, und es gibt so viel Wichtigeres, als darüber nachzudenken, ob und wie lange meine Bilder die Zeit überdauern.

»Und was die Kunst des Sterbens betrifft, so ist diese Kunst ein ganz besonderer Lernprozeß, der in unserem offiziellen Lernprogramm kaum zu finden ist.«

In seinem Buch »Die Kunst des Liebens«, das ein Bestseller wurde, sagt der Psychologe Erich Fromm den Satz: »Wenn man es in einer Kunst zur Meisterschaft bringen will, muss man ihr sein ganzes Leben widmen.« Frage daher an die Künstlerin Renée Rauchalles: Stimmt diese These ganz generell und stimmt sie auch und besonders da, wo es um die schwer zu lehrende und schwer zu lernende Kunst des Sterbens geht?

Jeder Mensch, der intensiv ein Wissensgebiet, eine Sache erlernt, erforscht, sich damit auseinandersetzt, erkennt, dass – je weiter er vorankommt – er immer wieder am Anfang einer neuen Erkenntnis steht. Offen zu sein für Unbekanntes ist Voraussetzung für einen ständigen Entwicklungsprozess. Es ist ja nicht so, dass man ein paar Jahre studiert und dann ist man fertig. Was heißt fertig, was ist fertig? Man ist nie fertig! Ich kann ein Buch fertig lesen, aber es wird nicht mein letztes sein, ich kann mit meiner Arbeit fertig sein, aber die nächste wartet bereits auf mich, ich habe ein Bild fertig gemalt und obwohl ich beschlossen habe, dass es jetzt fertig ist, könnte ich es auch jederzeit wieder ändern. Ob es dadurch besser wird, ist eine andere Sache. Und wenn unser Leben zu Ende ist, sind wir dann mit dem Leben fertig? Oder haben wir beschlossen, jetzt fertig zu sein?

Wie wissen wir, ob wir unser Leben und damit unser Sterben zur Meisterschaft gebracht haben? Ich kann nur sagen, ich habe einen gewissen Stand erreicht und den habe ich erreicht, weil ich ein Leben lang daran gearbeitet habe. Wenn ich mich intensiv mit Musik beschäftige, wird mein Ohr im Laufe der Zeit eine viel feinere Hörfähigkeit entwickeln als dies ohne Schulung der Fall wäre, aber habe ich es damit schon zur Meisterschaft gebracht?

Es genügt nicht, einer Sache ein paar Jahre zu widmen, um es zur Meisterschaft zu bringen. Sie muss mich durchdringen, jede Sekunde meines Lebens – und was die Kunst des Sterbens betrifft, so ist diese Kunst ein ganz besonderer Lernprozess, der in unserem offiziellen Lernprogramm kaum zu finden ist, der nicht zu unseren derzeitigen Wertvorstellungen passt, denn in der Kunst des Sterbens geht es darum, passiv geschehen zu lassen und sich durch dieses passive Geschehen führen zu lassen.

So entsteht ein Heilungsprozess, der wiederum ummittelbar mit der Kunst des Lebens verbunden ist. Um sich dieser passiven Führung überlassen zu wollen und zu können, bedarf es allerdings langjähriger Übung. Es ist ein Weg hin zum Spüren und Fühlen, zum Erkennen und Loslassen und schließlich zum Geschehenlassen all dessen, was das eigene Ich von sich aus weiß. Die Kunst des Loslassens, was Sterben, auch das »kleine Sterben« ja bedeutet, wird als Gegenpol zu wenig integriert.

»Übe Sterben« hatte schon Plato, der auf seinem Totenbett lag, zu einem Freund gesagt, als dieser ihn bat, sein Lebenswerk, die »Dialoge« in einem Satz zusammenzufassen. »Wie übe ich Sterben?« wird sich manch einer fragen. Erst einmal geht es darum, nicht einfach zu denken, da ist zuerst nur das Leben und irgendwann kommt dann der Tod. Wir werden durch unzählige Ereignisse, sei es in der Natur, im Weltgeschehen oder in unserem eigenen Leben darauf hingewiesen und hingeführt, uns mit Vergänglichkeit und Sterblichkeit auseinander zu setzen, aber oft übersehen und überhören wir diese Zeichen, lassen uns meist erst darauf ein, wenn massive Einschnitte unser eigenes Leben radikal verändern. Dabei hätten wir tagtäglich Gelegenheit, uns im Loslassen zu üben.

Jegliches Loslassen bedeutet, auch unserem Körper nachzugeben, ihn zu Wort kommen zu lassen. Das Nachgeben im Körper bewirkt immer Veränderungen, die gleichzeitig nach außen wirken. Wir alle leben in eingefahrenen Mustern von Gedanken und Vorstellungen, Wünschen und Emotionen, Körperhaltungen und Körperabläufen, deren wir uns meist gar nicht bewusst sind und so auch nicht erkennen können, wie eng sie mit unserer Art zu leben verknüpft sind und deshalb unser Leben bestimmen.

Es war der Arzt und Dichter Gottfried Benn, der uns Menschen daran erinnert hat, dass wir das »Gen des Todes« in uns tragen. Brauchen wir Menschen den Dienst dieses Erinnertwerdens unbedingt, sollen wir als Menschen uns nicht abhanden kommen?

Brauchen würden wir diesen Dienst sicher, doch wer lässt sich schon gerne daran erinnern, dass wir bereits bei unserer Geburt das Gen des Alterns, das Gen des Sterbens in uns tragen?

Denn tatsächlich bedeutet Leben selbst ja Sterben; jede Sekunde ist der Weg hin zum Sterben. Schon als Kind müssen wir Teile von uns selbst aufgeben, weil es die Eltern so wollen, weil es die Lehrer so wollen, weil es die Gesellschaft so will, damit wir uns in sie integrieren und weil wir es selbst so wollen, um uns dazugehörig zu fühlen. Immer bedeutet dies eine Manipulation, einen Einfluss, eine Veränderung von außen und bewirkt einen inneren Sterbeprozess, der Spuren in Körper, Geist und Seele hinterlässt.

Auch beim Verlust einer Freundschaft, einer Liebe, eines sozialen Umfeldes oder auch nur einer uns vertrauten Sichtweise stirbt ein Stück unseres alten Ichs. Wenn wir genau hinschauen, erkennen wir nach und nach den Sinn dieses Sterbens, der sich wie ein roter Faden durch unser Leben zieht. Wir kommen uns jedes Mal ein Stück näher, vorausgesetzt, wir lassen dies zu und halten unseren Kummer nicht fest, verleugnen oder verdrängen ihn. Denn Kummer, der nicht wirklich verarbeitet und losgelassen wird, prägt sich dem Körper ganz besondes ein. Unser Körper hat ein Eigenleben, das stärker ist als unser soziales Leben. Er reagiert, wenn ihm etwas nicht passt, ohne dass wir es wahrnehmen. Erst durch langjährige Schulung unserer Bewusstheit können wir wahrnehmen, wann und weshalb unser Körper – unabhängig vom Verstand – reagiert. Der Verstand kann uns etwas vormachen, der Körper nicht; er ist das Wahrhaftigste, was wir haben.

»… wer lässt sich schon gerne daran erinnern, dass wir bereits bei unserer Geburt das Gen des Sterbens in uns tragen?«

Es ist, als hätte unser Körper sein eigenes Gedächtnis von dem, was falsch und richtig ist, als wäre jede Zelle eine Art Computer mit riesiger Speicherkapazität, der sofort reagiert, wenn er falsch bedient wird. Da wir nicht lernen, wie wir unseren Körper richtig zu bedienen haben und durch falschen Sport, Leistungsdenken und sonstige Angewohnheiten ihm schwer wiegenden Schaden zufügen, merken wir die Fehler erst, wenn unser Körper nicht mehr reibungslos funktioniert. Anstatt ihn liebevoll zu behandeln als Teil unseres Selbst, wird er gezüchtigt oder vernachlässigt, er hat einfach zu funktionieren. Er führt ein trauriges Dasein, als hätte er nichts mit uns zu tun, er ist bereits tot, bevor wir sterben. Doch unser Körper kann ungeheure Selbstheilungskräfte entwickeln, wenn man ihn lässt und wenn man im Schmerz eine Chance zur Heilung erkennt.

Leben und Sterben ist Leben und Sterben unseres Körpers, ein bewusster Umgang mit ihm daher notwendig. Und Sterben ist nicht gleich Sterben, denn »Sterben üben« bedeutet ja nicht, jedes Mal einen physischen Tod zu sterben.

Die Menschen ergreifen oft unbewusst – trotzdem aktiv – viele Möglichkeiten, ihr Sterben zu üben. Die einen fordern das physische Sterben durch waghalsige Unternehmungen heraus, die anderen setzen ihrem Leben ein bewusstes Ende und gewinnen dadurch, wenn sie überleben, oft erst das Leben. Denn wenn sie das Einverständnis mit ihrem Leben erreichen, gewinnen sie neue Einsichten und Erkenntnisse, und ein positiver Neubeginn ist möglich. Wieder andere zerstören ihr Leben durch ungesunden Lebenswandel oder unbewusste Lebenshaltung, und die Kehrtwendung kommt erst, wenn nur noch durch medizinische Eingriffe das Leben verlängert wird.

Regelmäßiges Loslassen körperlicher Blockaden beugt Krankheiten vor, denn der Körper weiß mehr als unser Verstand. Leider wird das Wissen des Körpers oft durch medizinische und andere Eingriffe gestört und verfälscht.

Jeder Loslassprozess ist ein Sterbeprozess. Loslassen heißt, Wahrnehmungen und Einstellungen aufzugeben. Allein durch das Aufgeben tritt Veränderung ein. Dabei geht es nicht um ein resigniertes Aufgeben, sondern um ein Aufgeben, das durch bewusste Aufmerksamkeit geschieht. Wichtigste Voraussetzung dafür ist, sich von Vorstellungen und Erwartungshaltungen zu lösen, denn diese legen uns auf etwas fest, lassen uns keinen Platz für Unbekanntes. Es geht also nur darum, sich aufs Loslassen zu konzentrieren und nicht darum, eine neue Vorstellung zu finden, denn die ergibt sich durchs Loslassen von selbst. Aber genau dieses Loslassen ist oft mit einer unbestimmten Angst verbunden, der Angst beispielsweise, man könnte seinen Halt, sich selbst, verlieren.

»Jeder Loslassprozess ist ein Sterbeprozess.«

Durch den wiederholten Prozess des »kleinen Sterbens« werden nach und nach Gewohnheiten und Fixierungen, die man sich als Schutz und Maske zugelegt hat, aufgelöst. Sterben bedeutet immer Verlust und Gewinn zugleich. Der Verlust besteht im Verlust von alten Formen und Grenzen, Erwartungen und Verhaltensweisen, Emotionen und Gedankenmustern. Er bewirkt den Verlust des alten Ichs, bedeutet Abschied. Aufgelöst werden Illusionen darüber, wie die Welt, wie der andere, wie man selbst zu sein hat, und man ist mehr und mehr in der Lage, der Realität ins Auge zu sehen. Bekanntes wird in Frage gestellt, es entsteht ein Nichtwissen. Dieses Nichtwissen bringt den Gewinn eines neuen Daseinsgefühls, denn es ermöglicht ein Sichöffnen für neue Formen, neue Grenzen. Man lernt zu verändern wo notwendig und erwünscht, und man lernt, Unausweichlichem nicht auszuweichen.

Diese Prozesse kann ich tagtäglich in mir selbst beobachten. Manchmal scheinen sie ganz klein und unbedeutend zu sein und erst später merkt man, dass es gerade diese kleinen Prozesse sind, die Großes bewirken, weil sie eine Kettenreaktion auslösen. Schritt für Schritt gewinnen wir unser tatsächliches Ich, das zwar immer da, aber zum großen Teil noch unbekannt ist. Das führt zu einer neuen Ordnung, zu einer neuen inneren Kraft, was größere Freiheit sowie stärkeres Vertrauen in uns selbst bewirkt und damit unabhängiger macht vom Außen.

Hat man den Weg des »kleinen Sterbens« einmal eingeschlagen, also bewusst den Übergang von Bekanntem zu Unbekanntem gewählt und geht ihn aufmerksam weiter und weiter, so geschieht dieses Sterben fast wie von selbst. Jede innere Veränderung wird man als willkommen begrüßen. Die Hektik unserer Zeit allerdings führt zu einem Mangel an innerer Veränderung.

Auf dem Weg zur inneren Veränderung stirbt das alte Ego immer mehr, weil man die eigene Persönlichkeitsproblematik aufgibt, weil man nicht mehr in sich selbst verhaftet ist. Durch diese Art des »kleinen Sterbens« erlangt man schließlich Gelassenheit, es gibt kein Hoch und kein Tief mehr, man erreicht seine Mitte.

Glauben Sie mir, diese Art des fortwährenden Sterbens belohnt uns damit, sich auf sanftem Weg von eigenen und fremden Manipulationen und von quälenden, blockierenden Emotionen zu befreien, und das nur durch Beobachten unseres eigenen Selbst. Und obendrein macht es uns fähig, ganzheitlich zu denken, zu fühlen, zu handeln und damit auch fähig, unserer Selbstverantwortung und der Verantwortung der Welt gegenüber nicht zu entfliehen.

Es heißt, Künstler seien die Platzhalter bestimmter Lebensfragen. Eine dieser Fragen ist sicher die Todesfrage. Es trifft wohl Ihr Selbstverständnis als Künstlerin, auch eine Platzhalterin bestimmter Lebensfragen zu sein – Platzhalterin der Lebensfrage, die die Todesfrage ist, ganz gewiss. Denn eine thematische Grundstruktur, die sich durchhält in Ihrem Schaffen, ist die Beschäftigung mit dem Tod. Darf ich Sie bitten, einmal zu erzählen, wie es dazu kam?

Mein Verhältnis zum Tod war in meiner Kindheit alles andere als natürlich. Der bloße Anblick eines toten Vogels ließ mich in Tränen ausbrechen – und das tagelang. Tod war etwas, was ich weder sehen noch als unausweichliche Gegebenheit annehmen wollte. Ein Tod, der überall den Stempel des Verfalldatums hinterlässt, erschien mir hässlich, grausam und heimtückisch, er machte mir unsägliche Angst. Aber noch schlimmer war für mich der Geruch des Todes, der beim Besuch der Leichenhalle in meine noch kindliche Nase drang.

Diese Besuche gehörten zu einer katholischen Internatserziehung, deren Ziel es wohl war, die Kinder früh genug mit dem Tod zu konfrontieren. Die Leichen wurden damals noch offen aufgebahrt, und man sah auch solche Menschen, die tödlich verunglückt waren. Diese Form der Annäherung an den Tod verursachte mir Alpträume, auch brachte ich den Geruch des Todes nicht mehr aus meiner Nase und meinem Gehirn. Ich glaubte, überall den Tod zu riechen, und oft war es so, dass ich tatsächlich den nahenden Tod bei noch lebenden Personen riechen konnte.

Ein weiteres intensives Todeserlebnis in meiner Kindheit war der qualvolle Tod eines Huhns. Ich verbrachte für einige Tage meine Ferienzeit auf einem Bauernhof und wurde zufällig Zeuge einer Metzelung. Das Huhn sollte geschlachtet werden, aber das Messer war zu stumpf. Immer wieder konnte sich das mit den Flügeln wild um sich schlagende Huhn mit halb durchgeschnittener Kehle befreien, sogar noch, als der Kopf schon fast weg war. Ich schrie, das Huhn schrie, es war fürchterlich.

„Doch der Tod hat viele Gesichter …“

Bis jetzt keinen Krieg miterlebt haben zu müssen, ist eine Gnade für mich und für alle, die in Friedenszeiten leben dürfen. Doch der Tod hat viele Gesichter, er zeigte sie mir fortan in vielen verschiedenen Variationen. Mal manifestierte er sich als »Todesangst« in einer bedrohlichen Situation, mal im schmerzlichen Verlust von Geborgenheit, mal waren es aggressive Viren, die mich als Kind beinahe das Leben gekostet hätten, wobei mir merkwürdigerweise mein eigener physischer »Beinahe-Tod« keine Angst verursacht hatte. Aber ich hegte nur einen Wunsch: Ich wollte unbedingt meine grenzenlose Pein beim Anblick des Todes und bei den Gedanken an ihn in den Griff bekommen – auf meine Art, aus mir selbst heraus. Nur so war ich sicher, sie bewältigen zu können.

Ich übte »Totstellen«, nicht, um etwa zu wissen, wie es ist, tot zu sein, denn diese Erfahrung hatte ich bereits beinahe gemacht, und sie hatte mir keine Schrecken hinterlassen. Ich übte Totstellen, weil es mir die Möglichkeit bot, bestimmte seelische Erlebnisse innerlich zu verarbeiten und sie loszulassen. Auf meine Umwelt wirkte das befremdlich, ich schien entrückt und verträumt, mit meinen Gedanken ständig abwesend in einer für andere nicht zugänglichen Welt. Denn diese Welt gehörte einzig mir und kein anderer hatte Zutritt. Sie war mein Reich, gefüllt mit Schönheit, Liebe, Freude und Harmonie. Alles Böse hatte keinen Platz darin. Das Böse war draußen, hatte nichts mit mir zu tun. Ich schuf mir zwei Welten zwischen drinnen und draußen und war trotzdem ein lebhaftes, aufgewecktes Kind mit dem ständigen Drang, alles beobachten zu müssen.

Die Technik des »Totstellens«, was ja nichts anderes war als Gedanken und Körper loszulassen, bewirkte einen allmählichen Abbau meiner »Todes-Angst« und half mir, mich mehr und mehr, aus einer gesunden Distanz heraus, mit dem Tod auseinander zu setzen. Ich überwand – ohne allzu große seelische Narben – ein weiteres »Beinahe-Todeserlebnis«. Einige Jahre danach – ich stand bereits im Beruf – kam ein Einschnitt, der mich völlig aus der Bahn warf und mein Leben radikal veränderte: Durch einen Unfall (Sturz von einer hohen Leiter) hatte ich mir Verletzungen im Rücken zugezogen, und mein rechtes Schultergelenk war aus der Pfanne gesprungen. Sie wurde wieder eingerenkt, doch ab da sprang das Gelenk selbst bei kleinstem Husten wieder aus der Pfanne. Ich ließ mich vom behandelnden Arzt überzeugen, dass nur eine Operation Rettung bringen könne. Heute weiß ich, ich hätte mich niemals operieren lassen dürfen, andere Wege finden müssen. Doch wer kannte die damals schon, ich vertraute auf das Wissen der Ärzte. Was dann folgte, kam einem langsamen Sterben gleich.

Es gibt gewiss viel schlimmere Unfälle mit schwer wiegenderen Folgen, doch diese Operationen (es musste nochmals operiert werden wegen massiver Schmerzen und völliger Versteifung des Schultergelenks) führten mich erneut intensiv an die Thematik des Todes heran, diesmal jedoch in einem ganz anderen Sinne. Nach und nach – meine rechte Seite war inzwischen bis zur Hüfte hin versteift – rebellierte mein Körper: mehrere Kreislaufkollapse pro Woche, Herzstillstand und immer wieder schwere Asthmaanfälle. Der kranke Körper machte auch meinen Geist krank, ich wurde immer depressiver.

Und das nicht so sehr wegen der Tatsache der Behinderung, denn ich glaubte ganz fest an eine baldige Genesung, es waren die Vorgänge in meinem Körper, die alles, was bisher in mir durchlässig und geschmeidig war, zu einem einzigen undurchdringlichen Mauerwerk verklumpen ließen. Meine rechte Seite war eine Person und die linke eine andere. Die rechte Person, die depressive, breitete sich immer weiter aus, ergriff auch die linke. Ich fühlte mich lebendig tot, und das, was mich früher in Angst versetzte, erschien mir als segensreichste, als aussichtsreichste Erlösung, zumal ich oft wegen meiner schmerzhaften, versteiften Wirbelsäule nicht mehr gehen konnte und daher viel liegen musste. Er, der Tod, wurde mir zur großen sehnsuchtsvollen Liebe, meine Gedanken kreisten ständig um ihn.

Zunächst war ich meinen Zuständen völlig ausgeliefert, hatte keine Kraft, dagegen zu steuern. Ich kam mit meiner inneren Veränderung nicht zurecht, genauso wenig wie mein Umfeld, das mich als lebensfrohen Menschen kannte.

Trotzdem steckte ich mir immer wieder nur das eine Ziel, möglichst schnell gesund zu werden und vor allem wieder singen zu können. Welch naive Vorstellung! Irgendwann begriff ich, das geht nicht schnell. In langsamen Schritten verabschiedete ich mich nach und nach von meinen Wünschen und Vorstellungen, vor allem von denen, die die Schnelligkeit meiner Genesung betrafen, und es ging nur noch einzig und allein um den Weg des Loslassens, der mir durch das stete Hineinspüren in meinen Körper einen Hauch von mehr Lebendigkeit verschaffte. Leider währte dieses Gefühl immer nur kurz, denn mein Körper fiel schnell in die alte Versteifung zurück. Doch steter Tropfen höhlt den Stein, mein ausgeprägtes Körpergefühl hatte noch die Erinnerung an früher. So arbeitete ich täglich Stunde um Stunde gegen die Versteifung. Dank dessen gewinne ich heute Millimeter für Millimeter meiner Bewegung zurück und dank dessen kann ich wieder malen, wenn auch nicht ständig. Das Bild »Versöhnung« gehörte mit zu den ersten Bildern, die ich – wenngleich noch unter großen Schmerzen – malte.

Schmerz und Tod sind mir kein Feind mehr, sie waren und sind meine ständigen Begleiter. Sie haben mich zu einem völlig anderen Leben geführt, das inzwischen mein eigenes ist. Ich habe durch diese Arbeit an und mit meinem Körper aufgrund unendlich vieler, wertvoller Erkenntnisse eine eigene Heilmethode entwickelt, und viele dieser gewonnenen Erkenntnisse und Einsichten, die ich heute auch weitervermittle, sind im Gedankenansatz in Ihre vorige Frage eingeflossen.

Dies ist ein wichtiger Teil meines Lebens, denn Bewusstheit zu erlangen ist ein langer, oft schmerzvoller Weg, der uns auch unweigerlich mit unserer Sterblichkeit konfrontiert. Denn erst, wenn die Nebel gefallen sind, wird unser Leben leichter und heiler. So gesehen ist für mich die Todesfrage eine Lebensfrage in dem Sinn: Wie gehe ich mit meinem und anderer Leben um?

Der Schriftsteller Wolfdietrich Schnurre hat einmal gesagt: »Der Tod, das ist mein Thema eins«. Würden Sie das auch im Blick auf sich sagen?

Mein Thema ist nicht unbedingt der Tod an sich, sondern das Spannungsverhältnis zwischen Leben und Tod. Es geht mir ja nicht nur um den physischen Tod, sondern auch um die Symbolik des Todes und des Sterbens, wie sie das Leben mit sich bringt. Es sind die zahlreichen Stufen des Lebens mit all ihren Varianten des Sterbens, die mich immer wieder von Neuem dieses Thema aufgreifen lassen.

»Mein Thema ist nicht unbedingt der Tod an sich, sondern das Spannungsverhältnis zwischen Leben und Tod.«

Vieles kann und muss symbolisch sterben, unterliegt dem Prinzip der Vergänglichkeit. Das kann ein Gefühl, eine Erinnerung, ein Zustand, ein Wunsch, eine Vorstellung, eine Kultur, eine Religion, eine politische Macht sein.

Oder was kann töten? Ein Wort, ein Blick, eine Handlung, eine Nichthandlung, eine Gedankenlosigkeit, eine Rücksichtslosigkeit, eine Fahrlässigkeit und vieles mehr.

Von Thomas Mann stammt der Satz: »Es würde schwerlich gedichtet werden auf Erden ohne den Tod«. Würde auf Erden gemalt werden ohne den Tod?

Wenngleich der Tod in unserer heutigen Zeit weniger Eingang findet in die Bildende Kunst als früher, so ist eine Kunst ohne die Thematik des Todes nicht vorstellbar. Unter dem Titel »Mensch und Tod« ist in der Heinrich-Heine-Universität Düsseldorf die weltweit größte und bedeutendste Sammlung mit mehr als 2600 Originalwerken vom Mittelalter bis in die Gegenwart zusammengetragen, was zeigt, dass das Wissen um unsere Sterblichkeit die Künstler schon immer beschäftigt hat.

Die Gestalt des Todes als Knochenmann, wie wir sie aus der Zeit des Mittelalters kennen, war Ausdruck einer westeuropäischen christlichen Kultur und ist heute kaum noch gebräuchlich. Sie entstand in der Zeit der großen Pestepidemien, als Angst und Schrecken die Menschen plagte. Die künstlerische Darstellung des Totentanzes hat kaum ein anderes Motiv so nachhaltig beeinflusst wie die Darstellung des Todes. Dabei spielte die jahrhundertelang immer wieder neu aufgelegte Holzschnittfolge von Hans Holbein d. J. von 1526 eine entscheidende Rolle.*

Der Tod, so scheint mir, feiert – trotz des Rufes nach Unsterblichkeit – sein »Comeback«, auch in der Kunst. Der Anatom Gunther von Ha-

* *Das Bild vom Tod. Graphiksammlung der Heinrich-Heine-Universität Düsseldorf, hg. von Eva Schuster, Verlag Aurel Bongers, Recklinghausen 1992.*

gens hat Kunst und Unsterblichkeit auf einen Nenner gebracht. Er hat das Thema Tod aktualisiert, in den Zeitgeist befördert, hat den Menschen etwas gewährt, was bis dahin nur Medizinern vorbehalten war: den Einblick in das Innere des menschlichen Körpers.

Seine spektakuläre Ausstellung »Körperwelten« in Mannheim, die Erste in Deutschland, die vierundzwanzig Stunden täglich geöffnet war, verzeichnete Besucherrekorde. Die Form der Darstellung seiner toten »Menschenkörper« lässt auf einen großen Gestaltungswillen, auf ein künstlerisches Ausdrucksbedürfnis schließen.

Anatomie dient damit auch dem Zwecke der Kunst. Würde es ihm nur um die Vermittlung der Anatomie des menschlichen Körpers gehen, wie er sagt, hätte er wohl darauf verzichtet, die Toten, die durch ein von ihm erfundenes Plastinationsverfahren haltbar gemacht werden, als Skulpturen mit surrealem Charakter in verschiedenen Posen zu verewigen, wie etwa die, die einer Dali-Figur mit ausgezogenen Schubladen nachempfunden ist.

Die Liebe zum Menschen macht ihn zum Sammler, zum Bewahrer seiner neu geschaffenen Körperwelten, dem es aber am Ende wohl nur noch darum geht, in immer weiteren Exemplaren seinen künstlerischen Ausdruckswillen zu formen, und der muss glühend und besessen sein, denn wie sonst hätte er den Mut gefunden, seine Vision Wirklichkeit werden zu lassen?!**

*In seinem 1991 erschienenen Buch »Versuch über den geglückten Tag« schreibt der Schriftsteller Peter Handke (*1942): »Man muss das Einverständnis mit seiner Sterblichkeit erreichen, dann vermag der Tod keinem Tag mehr das Spiel zu verderben.« Das Einverständnis zu erreichen mit seiner Sterblichkeit – wäre das eine brauchbare Formel für das, was Kunst zu sterben eigentlich heißen dürfte?*

Ich möchte Ihnen ein wunderbares altes Gebet, dessen Aussage ein großes Wissen um die menschlichen Stärken und Schwächen offenbart, zitieren:

> Gott, gib mir den Mut, Dinge zu ändern, die ich ändern kann, / die Gelassenheit, Dinge hinzunehmen, die ich nicht ändern kann / und die Weisheit, das eine vom anderen zu unterscheiden.

Diese Weisheit zu erfahren wünschte ich all denjenigen, für die es offenbar kein Einverständnis mit der Sterblichkeit und somit auch keinen natürlichen Kreislauf des Sterbens und Werdens ge-

---

***Siehe dazu: Nina Kleinschmidt / Henri Wagner, »Endlich unsterblich?« Gunther von Hagens – Schöpfer der Körperwelt, Bergisch Gladbach 2000.*

ben darf. Zu unterscheiden bzw. zu entscheiden, was geändert werden soll, darf, muss und was als Gegebenheit hinzunehmen ist, stellt sich oft als eine schwer zu lösende Frage dar. Doch selbstverständlich gibt es Grenzen – moralische, ethische, menschliche und natürliche –, die wir anerkennen müssen. Ich glaube nicht, dass wir dem »Gott spielen« gewachsen sind, heute nicht und morgen nicht, trotz allen wissenschaftlichen Fortschritts. Irgendwo werden wir immer wieder an Grenzen stoßen und müssen so die Folgen unseres größenwahnsinnigen Tuns teuer bezahlen.

Da wir heute den Umgang mit Sterben und Tod vermeiden, so als gäbe es nur Jugend und Schönheit, wird es immer schwerer, ein Einverständnis mit unserer Sterblichkeit zu erreichen. Aber so, wie man die Kunst des Lebens erlernen muss, so auch die Kunst des Sterbens. Ein Einverständnis zu erreichen mit einem Tod, der uns auf sanften Schwingen holt, ist dabei unvergleichlich viel leichter, als mit einem Tod, der uns einen langen und qualvollen Leidensweg beschert.

Ich glaube, jeder wünscht sich einen sanften und humanen Tod. Die Hospizbewegung hat wieder entdeckt, was einmal als wertvoll erkanntes Gedankengut verloren ging.

»Aber so, wie man die Kunst des Lebens erlernen muss, so auch die Kunst des Sterbens.«

Sie sagt ja zum eigenen Tod des einzelnen Individuums. Jedem Krankenhaus sollte eine »Sterbeoase« angeschlossen sein mit der Möglichkeit, dass die Angehörigen dem Sterbenden menschlichen Beistand leisten können. Denkbar wäre für mich auch, eine Art Zivildienst für Sterbebegleitung ins Leben zu rufen. Dadurch würde schon der junge Mensch mit der Sterblichkeit konfrontiert, und ein bewussterer Umgang mit dem Thema Tod könnte entstehen.

Wir begegnen Krankheit und Tod häufig mit Angst und lähmender Zurückhaltung. Vor den Sterbenden treten wir dann mit unserer eigenen »Todes-Angst«. Statt ihm bei seinem Sterben behutsam behilflich zu sein, muss er unter Umständen neben seiner eigenen Angst auch noch unsere Angst verkraften.

Und auch der Tote macht uns Angst. Als ich in der Klinik Abschied von meiner Mutter nahm, hatte ich Angst, sie könnte plötzlich wieder die Augen öffnen, denn ihr Körper war zweieinhalb Stunden nach ihrem klinisch festgestellten Tod noch warm, und ich hatte das Gefühl, sie schliefe nur. Merkwürdig, warum hatte ich Angst? War es die Angst davor, sie würde verändert aus dem Jenseits zurückkommen, oder war es die Angst davor, dass man sie irrtümlich für tot erklärt haben könnte? Was also wäre gewesen, wenn sie die Augen tatsächlich wieder geöffnet hätte? Ein beunruhigender Gedanke, denn so wie ihr plötzlicher Tod ein Schock für mich war, so hätte ihr plötzliches Erwachen wiederum einen Schock ausgelöst.

Es gibt Zeiten, in denen ich die Kunst des Sterbens recht gut zu beherrschen glaube. Doch wenn bestimmte Situationen auftreten, in denen ich unmittelbar mit dem Prozess des Sterbens konfrontiert werde, merke ich, einmal beherrscht ist nicht immer beherrscht. Meine Einstellung zum Tod hat sich durch verschiedene Ereignisse und Erfahrungen immer wieder geändert. Jedes Mal erwischte es mich aus anderer Sicht, und jedes Mal musste ich das Thema Tod neu überdenken.

Es gibt bestimmte Altersstufen, in denen man sich seiner eigenen Vergänglichkeit intensiver bewusst wird. Das gibt uns die Chance, dem Einverständnis unserer Sterblichkeit näher zu kommen. Wenn wir erkennen, dass uns der jeweils nächste Lebensabschnitt unserer inneren Freiheit wieder ein Stück näher bringt, dann sind wir auf dem Weg, die »Kunst des Alterns«, die »Kunst des Sterbens« zu erlernen.

»Ein Kunstwerk ist gut, wenn es aus Notwendigkeit entstand. In dieser Art des Ursprungs liegt sein Urteil: es gibt kein anderes«, so schreibt der Dichter Rainer Maria Rilke in einem seiner »Briefe an einen jungen Dichter«. Ich denke, an der Wurzel der Entstehung Ihres Bildes »Versöhnung« und dessen Varianten »Spiel mir das Lied«, »Legt die Masken mir ins Grab«, »Vermählung« und »Auf dem Weg« steht ganz gewiss eine »Notwendigkeit«. Können Sie sagen, um welche Art »Notwendigkeit« es sich dabei handelt?

Das Bild »Versöhnung«, das ich 1988 malte und dem lange Auseinandersetzungen mit dem Tod und um den Tod vorausgingen, entstand als Erstes. Hinter mir lagen Jahre großer Veränderungen, die ich als unentwegtes Sterben empfand.

Erst war es meine Gesundheit, um die es durch einen Unfall und die daraus resultierenden Operationen schlecht stand, dann der Verlust des Berufes, den ich dadurch nicht mehr ausüben konnte. Dem folgte die Trennung von meinem langjährigen Lebensgefährten, was auch eine weitgehende Veränderung des Freundeskreises mit sich brachte. Eine neue Liebe entpuppte sich bald als »Horrortrip«, der die in mir schon vorhandene Todessehnsucht noch verstärkte, und schließlich verstarb auch noch mein Vater.

Nach einem mir endlos erscheinenden Tief erkannte ich die »Notwendigkeit«, nicht nur zu begreifen, sondern auch zu akzeptieren, dass

Renée Rauchalles.
»Versöhnung«

Bei der Betrachtung des Gemäldes »Versöhnung« waren meine ersten Gedanken, dass dies ein Selbstbildnis der Künstlerin ist. »Versöhnung« mit einer vergangenen Liebe?, mit dem verstorbenen Vater?, mit dem Tod?! Leben und Tod, Tod und Leben gehören zusammen, denn nach und nach verliert das Leben seine Blüte, und eine neue Blüte erwacht.

Stefanie Heberling,
Filialleiterin Deutsche Bank 24

Leben und Tod zusammengehören, und dass ich mein Einverständnis geben muss meinem Leben gegenüber, so wie es ist.

Das Bild »Versöhnung« und die später entstandenen Variationen versinnbildlichen einen Abschluss meines damaligen Sterbevorgangs und gleichzeitig den Eintritt in ein neues, ganzheitlicheres Leben, das ich nicht mehr missen möchte. Für dieses ganzheitlichere Leben war mein Sterben eine »Notwendigkeit«, wie sie bereits der Dichter Hermann Hesse besonders in diesen Versen seines Gedichts »Stufen« wunderbar beschrieben hat:

> Und jedem Anfang wohnt ein Zauber inne, / der uns beschützt und der uns hilft zu leben. / Wir sollen heiter Raum um Raum durchschreiten, / An keinem wie an einer Heimat hängen. / Der Weltgeist will nicht fesseln uns und engen, / Er will uns Stuf' um Stufe heben, weiten. / Kaum sind wir heimisch einem Lebenskreise / Und traulich eingewohnt, so droht Erschlaffen. / Nur wer bereit zum Aufbruch ist und Reise, / Mag lähmender Gewöhnung sich entraffen.

Der Philosoph Walter Kaufmann hat einmal bemerkt: »Man führt ein besseres Leben, wenn man ein Rendezvous mit dem Tod ausgemacht hat.« Die Frau auf dem Bild hat ein Rendezvous mit dem Tod und – wie es scheint – mitten im Leben. Sollten Menschen ein Rendezvous mit dem Tod mitten im Leben haben? Würden Sie diese Frage mit »unbedingt« beantworten? Und, falls Sie sie mit »unbedingt« beantworten, was wäre der Gewinn einer Begegnung mit dem Tod mitten im Leben für unser Leben?

»Unbedingt« würde ich nicht sagen wollen, denn es gibt sicher Menschen, die diese Erfahrung nicht »unbedingt« brauchen. Eine Begegnung mit dem Tod hat jeder Mensch mitten im Leben sowieso. Es kommt nur darauf an, wie intensiv sie sich gestaltet. Springt man aber selbst dem Tod mitten im Leben von der Schippe, so besteht der erste Gewinn natürlich darin, sein Leben zurückgewonnen zu haben. Oft verfällt man danach in tiefe Depression, denn nichts mehr ist wie vorher, man kann in sein altes Leben nicht mehr zurück.

Hat man dann die Phase der Depression überwunden, erschließt sich der weitere Gewinn. Durch die Erkenntnis, an welch dünnem Faden ein Leben hängt, weiß man es mehr zu schätzen; man wird dankbarer seinem Leben und den kleinen, früher vielleicht unwichtigen Dingen gegenüber. Leben zu dürfen, wird nunmehr als kostbares Geschenk empfunden. Man lebt mehr im Jetzt, die Art der Werte verschiebt sich. Man wird ernster und bewusster, mitfühlender und nachsichtiger und man nimmt sich mehr Zeit für sich selbst und für die Menschen, die einem wichtig sind. Die Veränderung in uns selbst bewirkt auch eine Veränderung in unseren zwischenmenschlichen Beziehungen. Nach einem Todes-Erlebnis beginnt man oft erst zu leben, denn es wird einem klar: Unsere Lebenszeit ist nicht »endlose Zeit«.

Ob Künstler die besten, wenn überhaupt gute (geeignete) Interpreten ihrer Kunstwerke sind, wird gelegentlich bestritten. Lassen Sie uns trotzdem das Experiment wagen, dass ich Sie zu Ihren Bildern »Versöhnung« und seinen Varianten befrage. Wer die einzelnen Bilder betrachtet, sieht in jedem Fall auch Sie darauf dargestellt. »Selbstporträts mit Tod« – denn das sind diese Bilder doch – oder?

Da das Thema »Versöhnung« in meinem eigenen Leben ein sehr wichtiges ist, war es für mich nahe liegend, mich selbst in diesem Bild nicht etwa als Botschafterin des Todes, sondern als Vermittlerin zwischen Leben und Tod darzustellen. Ich übernehme hier die Rolle eines weiblichen Rosenkavaliers, der durch die Überreichung der Rose, einer Geste der Liebe und Versöhnung, sein Einverständnis zur Hochzeit gibt und dem Tod die Blüte seines Lebens anvertraut, weil er sich bewusst ist, dass ein Leben ohne den Tod ein unvollkommenes und ein Leben ohne all die inneren »kleinen« Sterbeprozesse ein ungelebtes wäre.

Die rote Frau
die Kraft des Lebens
trägt ihre Uhr zur Messung der Zeit
lockt den Gevatter
– der widerstrebend –
mit saftigen roten Rosen an.
Komm mein Freund
scheint sie ihm zu flüstern
ich zeige dir des Todes Stadt
jene Paläste verbrauchten Lebens
wo jeder Mensch sein Plätzchen hat.
Geh mit mir hin zum schönen Tempel
dann schenk ich dir gewiss die Uhr
denn alles was ich mir erstrebe
ist ewige, köstliche Ruhe nur.

Cleo Maria Kretschmer,
Schauspielerin, AutorIn

In dem Bild »Versöhnung« überreichen Sie dem Tod eine Rose. Wie dürfen, müssen wir das verstehen? Rose als Chiffre – eine Chiffre wofür? Chiffre etwa dafür, dass der Tod uns Freund wird, wenn wir lernen, ihm die Rosen unseres Lebens zu schenken?

Das Bild »Versöhnung« ist gewissermaßen eine Zusammenfassung meines fünfteiligen Zyklus, da es die weiteren Bilder in sich birgt. Es symbolisiert noch nicht den physischen Tod, sondern das, was Johann Wolfgang von Goethe so meisterhaft ausdrückt in seinem Gedicht »Selige Sehnsucht«:

> Und so lang du das nicht hast, / Dieses: stirb und werde! / Bist du nur ein trüber Gast / Auf der dunklen Erde.

Die junge Frau ist keine Todgeweihte, kraftvoll steht sie noch in der Blüte ihres Lebens. Doch sie ist einsam in dieser Stadt der Toten, in deren Häusern – Tempeln gleich – geborgen sie ruhn. Sie tritt aus dem Dunkel der Straße dem anbrechenden Morgen entgegen.

Der Weg zwischen dem Tod und der Frau ist gezeichnet mit Rosenblättern. Das sind die Spuren ihres Lebens: zerfallene Träume, Wünsche, Hoffnungen und vergangene Zeit, das sind Angst und Verzweiflung, Liebe und Tod. Sie sind aber auch Markierungen – wie bei Hänsel und Gretel – für den Weg zurück in eine gut gewesene Zeit. Doch ein Zurück kann es nicht geben, zuviel ist geschehen zwischen Dunkelheit und Licht.

Die Frau hat den Tod erfahren, sie ist sich ihrer Sterblichkeit bewusst. Der Tod folgt ihren Spuren, und sie weiß, ihr Weg in den Morgen ist nicht möglich ohne ihn. Der Tod ist geduldig, bedroht sie nicht, weiß er doch um seine Macht. Aber er weiß auch um die Verachtung, die man ihm zollt. Er drängt sich nicht auf, denn

---

Diese extreme U-topie, der Un-Ort des Todes ist der Ort dieser Bildsprache, die sich von der Grenze und vom Ende her legitimiert. Der Tod wird bei Renée Rauchalles nicht zum Gegner, sondern zur extremen Steigerung am Rand des Lebens. Für den Betrachter ihres Bildes »Versöhnung« wird das Leben auf einmal viel reicher. Lässt sich doch die Erfahrung des Lebens, so die zentrale Aussage ihres bedeutenden künstlerischen Werkes, nur um den Preis des Todes vermitteln. Das Symbol der Rose verleiht dem Bild eine zusätzliche Bedeutungsdimension. Nicht habe man zu fragen, wie schon Georg Büchner anmerkte, ob etwas schön, ob es hässlich ist: »das Gefühl, das was geschaffen sei, Leben habe, stehe über diesen beiden, und sei das einzige Kriterium in Kunstsachen«.

Dr. Alexandra Hildebrandt, Literaturwissenschaftlerin

---

er hat keine Lobby, ist nur bereit, aus seinem in ihren Schatten zu treten.

Doch nein, sie will ihn nicht als ungewissen Schatten spüren hinter sich, der überraschend kommt und nimmt, sie will ihn gleichberechtigt neben sich und dreht sich um. Er hofft auf ihre Hand, doch sie legt die Rose – frischblühend – in seine Hand. Auge in Auge stehen sie da, ins Licht getaucht. Ist es der Blitz der Liebe?

Er kann es sein, wenn man den Tod erwünscht, wenn er erlösen soll aus Qual und Pein. Doch hier geht es um Erkenntnis, um ein stilles Einverständnis, einem Handel gleich, wie ich ihn in dem von mir verfassten Gedicht beschreibe:

Willst du die Rose – die eine? / Ach bitte, sei mir doch Freund / Sei milde mit mir und dem Leben / Und lass uns zusammen gehn. / Was wär ohne dich das Leben / Gewiß nur ein endloses Tal. / So nimm sie, die Rose des Lebens / Dann nehm i c h dich zu meinem Gemahl.

Noch weiß die junge Frau nicht, ob der Tod die Rose annimmt. Durch sie will sie sich mit der Sterblichkeit und mit der Vergänglichkeit allen Seins versöhnen. Erst wenn sie dem Tod die Rose ihres Lebens anvertraut, wird er zum Freund, verliert er seine Schrecken. Die anderen Rosen will sie an Menschen verschenken, die ebenfalls bereit zur »Versöhnung« sind.

Eine schöne, vom Leben (Rosen, rotblühende) geliebte Frau getraut sich, dem Tod in die Augen zu schaun. Sie übergibt ihm ein Stück Leben, die rote Blume. Sie zeigt ihm die Liebe. Sie zeigt ihm, dass Tod und Leben eins sind. Und auch, dass die Spuren, die in den gefallenen Rosenblättern den Weg zwischen beiden zeichnen, zu dem Kosmos dieser Frau/dieses Menschen gehören. Eros und Thanatos in einer Bildmethapher; das Umfeld des Paares sind Steinfronten, Steinstraßen, bis in den wolkenfetzigen und von Gelbblau geprägten Himmel. Eros erlöst Thanatos. Ein Traum von Versöhnung.

Ursula Haas,
Schriftstellerin

Die Symbolik der Farbtöne eines Bildes ist immer sprechend. Der Farbton, der das Bild »Versöhnung« beseelt, der dem Bild Seele gibt, ist der Farbton »rot«. Ist Ihnen bewusst, warum es gerade dieser Farbton sein muss, den Sie – bewusst oder unbewusst – gewählt haben?

Es gab in erster Linie gefühlsmäßige Gründe, die mich diese Farbe wählen ließen, keinesfalls kunsthistorische oder theologische. Die Farbe »rot« bzw. »rotorange« in dem Bild »Versöhnung« war deshalb für mich

Totenhaus reiht sich an Totenhaus: Portale, Giebelaufsätze, hohe, brennende Öllampen. Aufwendige und wohlstandseitle Aufmerksamkeit und Achtung erheischende Architekturmetaphern wetteifern als getreues Abbild des Diesseits um die Gunst des Publikums. Eine gruselige Leere verbreitend – ein Unort. Dann ereignet sich in der düsteren Gegenwart des Bildes etwas unerwartet Befremdliches: Obschon noch der Himmel verhangen und bedrohlich wirkt, bricht, unerklärlich woher, ein Lichtkegel in die ausweglose Szene: Eine junge Frau mit einem Strauß roter Rosen scheint ihre Lieben in dieser Totenstadt aufsuchen zu wollen. Hinter sich vernimmt sie eigenartige Schritte – sie wird des Todes gewahr! Kein Entsetzen in ihrem Blick; kein Lots Salzsäulensyndrom! (Gen 19,26). Eine gänzlich unerwartete Reaktion dagegen: Der lässig verhaltene Schritt, ein abgeklärt-überraschter Gesichtsausdruck, die beiläufige Geste, mit welcher dem Tod im Vorübergehen eine der Rosen zugereicht wird – die ungewöhnliche Begegnung vermittelt den Eindruck einer selbstverständlichen Gelassenheit. Moderne coolness sagt man heutzutage. »Versöhnung«, gar mit dem Tod? Unvorstellbar! Es wird die Angst immer bleiben. Wo aber bleibt die Zuversicht im Bild? Allein sie könnte uns mit dem Tod versöhnen.

Prof. Hans-Busso von Busse, Architekt

absolut zwingend. In der Gegenüberstellung zu den eher nachtdunklen Farben als Symbol für die Vergänglichkeit soll sie das Leben versinnbildlichen, den Willen, die Lust und die Liebe zum Leben, die Kraft und die Dynamik des Lebens, denn die Farbe »rot« ist ja auch die Farbe des Blutes, und dieses Blut, dieses Leben, ist die Frau auf dem Bild »Versöhnung« auch bereit, dem Tode anzuvertrauen. So ist das Rot der Rose und das Rot des Kleides auch die Farbe der Liebe, die zur Vermählung zwischen Tod und Leben führt.

Andere Farben wie z. B. »blau« oder »grün« hätten dem Bild eine völlig andere Aussage gegeben. Farben sind für mich sehr wichtig, ich spüre sie physisch. Sie haben mit Energie zu tun, mit Gefühlen. Sie sagen viel über den Menschen aus, der sie trägt oder mit denen er sich umgibt. Ich selbst trage am liebsten Rottöne in allen Varianten, und so ist auch das ein Grund, warum ich diese Farbe gewählt habe, denn – wie Sie ja selbst bemerkten – handelt es sich bei dem Bilderzyklus »Versöhnung« um ein Selbstportrait.

Der Tod trägt einen Kranz. Denkbar wäre, den Kranz als Siegerkranz zu deuten. Denn wann und wo Leben und Tod kämpfen, ist ja der Tod letztlich immer der Sieger. Doch denkbar wäre auch, den Kranz in seiner Ringform zu deuten als Sinnbild dafür, dass sich durch den Tod der Ring der Ganzheit des Lebens bildet, was übrigens ja auch ein Grund dafür ist, dass wir unseren Toten etwa im Totenmonat November Kränze aufs Grab legen. Die bekränzte Gestalt des Todes – Sinnbild ist sie gewiss, doch Sinnbild wofür?

Es ist so, wie Sie sagen: Da der Tod immer über unser Leben siegt, ist dieser Kranz ein Siegeskranz, ganz ohne Schmuck, denn der Tod ist sich seiner Wirkung so bewusst, daß er auf Glanz und Glorie verzichten kann. Doch der Tod ist nicht allein der Sieger. Durch die Überreichung der Rose aus der Hand der Frau werden Tod und Leben eins. Der Siegeskranz des Todes wird dann auch ihrer, weil sie ihn bewusst ins Leben integriert hat. So wird der Kranz zum Symbol ihres Bundes, wird »Hochzeitskranz«, auch derer, die das Fest des Lebens gerade deshalb feiern, weil sie den Tod bedenken.

Wer das Bild »Versöhnung« genau betrachtet, der bemerkt über den einzelnen Gräbern mal einen Totenkopf, mal ein Herz, mal eine Flamme als Grabzeichen gewissermaßen. Was hat das zu bedeuten? Warum über bestimmten Gräbern einen Totenkopf, über anderen Gräbern ein Herz und über wieder anderen Gräbern eine Flamme? Wollen die Grabzeichen »Totenkopf«, »Herz« und »Flamme« etwas sagen über den Menschen, der im jeweiligen Grab begraben liegt: wer er in seinem Leben gewesen ist bzw. was oder wie sein Leben gewesen ist, und was bedeutet die Gestalt des Engels zwischen den Gräbern?

Das Bild »Versöhnung« ist voller Details, die zum Nachdenken oder einfach Innehalten anregen: Komm und begleite mich! Wir kennen uns schon lange. Doch wir sperren dich ein und sperren dich aus. Wir gehören zusammen, auch wenn ich dich verabscheue. Du Spiegel meiner Selbst, du unliebsames Gegenüber, ich umgebe dich mit meiner Wärme.

Dr. Marie Beykirch, Internistin

Auf dem Bild »Versöhnung« ist die Stadt aus Stein auch Sinnbild für Begrenzung, Abwehr und Gefühllosigkeit in unserem Leben. Sie ist aber auch Sinnbild für einen Schutzwall, für eine Trennung zwischen Leben und Tod. Der Tod soll für uns Lebende nicht sichtbar werden, sichtbar sind nur die steinernen Ruhestätten des Todes. Um den vergangenen Lebenszustand sowie die Lebenseinstellung der Toten, die darin liegen, sichtbar zu machen, habe ich ihre Gräber mit Grab- bzw. Lebenszeichen versehen.

Das Grabzeichen »Totenkopf« versinnbildlicht beispielsweise ehemals lebende Tote. Ihnen gelang es nicht, während ihres Lebens soziales Empfinden und Herzenswärme zu entwickeln. Alles verlief nach festgelegten Richtlinien, nichts konnte ihr Herz öffnen, für sie bestand das Leben nur aus »Du musst! Du sollst«, oder es zählte für sie nur noch Erfolg, Geld und Macht. Sie hatten für die Not anderer Menschen nicht viel übrig und auch keinen Sinn mehr für die kleinen Wunder des Lebens.

Es gibt zwei Gräber mit Totenköpfen, die sich auf einem Kreuz befinden. Darin liegen die »Scheinheiligen«, die jeden Sonntag in die Kirche gingen und so taten, als würden sie ein gottgefälliges Leben führen. Doch hinter ihrer Maske der Religiosität verbargen sie dunkle Begierden.

Die »Flammen« über den Gräbern zeugen von Menschen mit verzehrenden und zerstörenden Emotionen. In ihnen brannte das Feuer des Hasses, der Gier, der Rache, der Rücksichtslosigkeit und Brutalität, das auch im Angesicht des Todes noch brannte.

Das Übergewicht bilden die »Herzen«. Sie sind Ausdruck vielseitiger Formen von Menschlichkeit und Liebe, aber auch von Verzweiflung und Not. So, wie die Begegnung der Frau mit dem Tod auch ein »Liebestod« sein könnte (aus Liebe gestorben, durch die Liebe gestorben, in ihr ist die Liebe gestorben), so sind auch die von einem Strahlenkranz umgebenen Herzen glühende Herzen, die an einer unerfüllten Liebe zerbrochen oder aus Liebe gestorben sind. Oder es handelt sich um Menschen, die Liebe, Herzlichkeit und Menschlichkeit ausstrahlten, und ihre Herzen strahlen deshalb über den Tod hinaus.

Die Gestalt des Engels, die nur mit einem Fuß auf der Säule eines Grabmals steht, ist aufbruchbereit zu jeder Zeit. Sie weist den »Seelen« der Verstorbenen mit ihrem Licht den Weg durch die Dunkelheit, ist »Reiseführer« in eine andere Welt.

Der Tod tut, wie wir Menschen wissen, sein »Handwerk« gründlich. Doch was sein eigentliches »Handwerkszeug« ist, darüber gab und gibt es ganz

---

»Versöhnung« ist ein eindrucksvolles Bild, das uns zeigt, dass wir von Stein und Tod umgeben sind. Und mitten drin, sehr lebendig, überreicht eine wunderschöne Frau, die innerlich zu leuchten scheint, dem Tod in einer Versöhnungsgeste eine rote Rose (= Liebe). Sie lächelt, hat keine Angst. Der Tod folgt ihr, sie nimmt den Tod als ihren Weggefährten an und führt ihn in ein Licht der Liebe, reicht ihm mit Liebe die Hand. Der Weg, der vor beiden liegt, führt ins Dunkel, aber nicht in die Angst. Sie lächelt – sie weiß, mit dem Tod als Begleiter ist sie auf dem richtigen Weg.

Ute Wieland, Filmregisseurin

---

unterschiedliche Vorstellungen. Wer das Bild »Versöhnung« und dessen Varianten betrachtet, fragt sich unweigerlich früher oder später: Wo bleibt eigentlich der Tod als Mann mit der Sense? Sie haben sich gewiss aus gutem Grund dafür entschieden, ihm zu keinem »Comeback« in unserer Zeit zu verhelfen. Warum eigentlich nicht?

Es war mir tatsächlich sehr wichtig, den Tod nicht als Sensenmann darzustellen. Wenn ich allerdings an all die vielen Unfälle auf der Straße, auf den Schienen, in den Bergen, im Wasser und in der Luft denke, dann wäre die Sense wirklich angebracht. Doch ich wollte keinen gewalttätigen Tod malen, der uns niedermäht, uns hinrichtet, da er ja auch unsere inneren Sterbeprozesse symbolisieren soll. Der Tod auf meinen Bildern ist ein zierlich eleganter Mann, ein sanfter, ohne Drohgebärde. Was ich damit sagen will ist: Wenn wir sanft zu uns und unserem Leben sind, wird vielleicht auch der Tod ein sanfter sein.

»Jedes Buch ist eine Schaufel, mit der ich mich umgrabe«. Gesagt hat diesen Satz einmal der Schriftsteller Martin Walser. Der Tod als Mann mit der Schaufel – die Schaufel in der Hand des Todes – Chiffre wofür? Dass der Tod – das wäre das Nächstliegendste – uns einmal das Grab schaufelt oder dass uns die Begegnung mit dem Tod mitten im Leben zur Gelegenheit wird, unser Leben einmal umzuschaufeln, umzugraben?

Ob wir von einer Todeserfahrung am eigenen Leib betroffen sind oder den Tod auf andere Weise erleben, immer wird etwas in uns umgeschaufelt, umgegraben. Wir sind nicht mehr die gleichen wie vorher. Wir können nicht mehr so tun, als gäbe es keinen Tod. Allein durch das Wissen um ihn wird sich nichts ändern. Sind wir aber tatsächlich Betroffene, hat das eine viel intensivere Wirkung auf unser Leben.

Doch die Schaufel versinnbildlicht auch die Möglichkeit, selbst mitzuschaufeln, etwas selbst in die Hand zu nehmen, sich nicht nur auszuliefern, und sie besagt: »Laß uns einmal gemeinsam nachsehen, was wir im Laufe unseres Lebens so alles unter den Teppich gekehrt haben. Lass uns Altes, Totes und nicht Bewältigtes nach oben holen, um es durchzuarbeiten, es zu bereinigen und zu durchlüften.« Der Tod mit Schaufel wird quasi zum Therapeut und Mr. Saubermann, der uns hilft, Körper, Geist und Seele umzuschaufeln und dadurch Raum schafft für neue Erfahrungen und Empfindungen, was zu einer Wende in unserem Leben führen kann.

Das Bild, das den Titel trägt »Spiel mir das Lied«, zeigt den Tod mit Geige – ein Motiv, das bereits der Maler Arnold Böcklin in seinem »Selbstbildnis mit fie-

delndem Tod« aus dem Jahre 1872 gebraucht. Lauschen der Musik des Todes – mitten im Leben – was heißt das? Welches Lied soll uns der Tod spielen? Und welche Klänge, welche Melodik, welche Rhythmik hören wir, wenn wir ihn sein Lied spielen hören?

Bei meinem Bild »Spiel mir das Lied« dachte ich wiederum weniger an den eigentlichen Tod, obwohl er durchaus auch gemeint sein kann, sondern eher an die »kleinen« Tode während unseres Lebens.

Dieses »Spiel mir das Lied« ist wie eine Bitte oder sogar wie eine Aufforderung zu verstehen, denn der Tod spielt ja noch nicht. Er trägt die Geige ohne Geigenbogen. Ihn wird die Frau selbst führen müssen. Der Tod ist immer zum Spiel bereit, vorausgesetzt, dass auch wir bereit sind, uns auf sein »Lied« einzulassen. Ob nun der Tod oder die Frau zum »Spiel mir das Lied« auffordert, bleibt in diesem doppeldeutigen Bild bewusst offen.

Doch ganz gleich, wer an wen die Bitte »Spiel mir das Lied« richtet und wann und wo die Musik des Todes erklingt: es ist keineswegs immer derselbe Klang, der hörbar wird. Dieses Lied, diese Musik kann so verschieden sein wie die Gründe, die zur Aufforderung »Spiel mir das Lied« führen. Es kann der Klang der Wehmut, der Trauer sein, weil wir Geliebtes haben loslassen müssen. Es kann aber auch der Klang der Wut und Verzweiflung darüber sein, dass wir noch nicht loslassen können. Oder es ist die Rhythmik eines Kampfes, in dem wir den Mut fassen, das Sterben um des Werdens willen zu wagen oder einen tatsächlichen Todeskampf zu überwinden und daraus gestärkt hervorzugehen. Vielleicht ist es auch die Melodik eines ruhig dahinfließenden Flusses, die dem Gefühl des Glücks entspringt, weil wir alles aus der Hand legen, alles hinter uns lassen können und dürfen.

Die Musik des Todes wird im Leben hörbar. Wann und wo wird sie das? Haben wir ein Ohr – ein empfängliches Ohr – dafür? Müssen wir die Hörfähigkeit, Hörbereitschaft dafür wie-

---

Natürlich könnte ich als Musiker zum Bild »Versöhnung« sagen:
1. Satz: Der Tod und das Mädchen.
2. Satz: Wer versöhnt sich mit wem?
Aber damit wird man dem Bild, glaube ich, nicht gerecht. Das Bild kann verschiedene Geschichten erzählen. Je mehr Details man heranzieht, je verschiedener könnten die Wege der Erzählung sich verzweigen. Das Bild lädt ein, Geschichten zu erfinden, die sowohl vor dem Moment liegen, den das Bild festhält, als auch nachher.

Prof. Gerd Uecker
Operndirektor, Nationaltheater München

Renée Rauchalles:
»Spiel mir das Lied«

dergewinnen? Wer wird unser Ohr, diese Musik zu hören, wecken?

Jeder hat »seine« Vorstellung vom Sterben. Es gibt Menschen, die ahnen, wie sie sterben. Häufiger dagegen spüren Menschen, wann sie sterben und wenn sie sterben. Es scheint also so etwas wie ein inneres Wissen darum zu geben, wenn es Zeit ist, zu sterben. Vielleicht aber hat das auch mit einer von uns selbst auf psychischer und gedanklicher Ebene herbeigeführten Sterbebereitschaft und damit Sterbebeeinflussung zu tun?

Als meine Mutter zweieinhalb Monate vor ihrem Tod ins Krankenhaus kam, sagte sie, sie käme nicht mehr zurück, sie würde vorher sterben. Sie sagte das merkwürdig ruhig und bestimmt, obwohl es keinen Anlass dazu gab, ans Sterben zu denken. Nach ihrem Krankenhausaufenthalt kam sie in eine Rehabilitationsklinik, wo sie weiter behandelt werden sollte. Ihr psychischer Zustand unterlag in den nächsten Wochen großen Schwankungen.

Am Abend vor ihrer geplanten Entlassung kam der überraschende Anruf einer Ärztin, meine Mutter sei soeben verstorben – Herzstillstand. Ich fuhr sofort in die Klinik. Eine junge Krankenschwester empfing mich mit den Worten: »Gestern sagte mir ihre Mutter, sie werde morgen sterben, und heute starb sie zu unser aller Erstaunen.« Wie konnte meine Mutter so genau wissen, dass sie »morgen sterben« werde? War es ihre Entscheidung, ihr Wunsch, oder spürte sie ganz einfach – entgegen der Annahme der Ärzte –, dass »ihre« Zeit gekommen war?

Ich bin überzeugt, dass Menschen die Melodie ihres Todes hören und fühlen können. Doch die meisten Menschen haben den Zugang zu ihrer Hörfähigkeit verloren, weil sie einer von der Gesellschaft verordneten Erlebniswelt angepasst sind. Um ein empfängliches Ohr zu haben, bedarf es der Stille in uns und außerhalb von uns, und wann haben wir die schon? Oft brauchen wir Urlaub vom Urlaub, denn auch der war mit Aktionen und äußeren Eindrücken überfrachtet. Wie sollen wir also die Musik des Todes hören, wenn wir kein Gefühl für uns, für unseren Körper haben?

Hörbereitschaft findet sich dort, wo Menschen noch in sich und ausserhalb von sich lauschen können und sich die Zeit nehmen, sich mit dem Gehörten zu befassen. Um diese Hörbereitschaft wiederzugewinnen, bedarf es in unserer westlichen Kultur einer radikalen Veränderung. Der Blick auf die wenigen Völker, die dieses Hören und Fühlen noch nicht verloren haben, täte gut. Von ihnen könnten wir vieles lernen, denn schon bei unseren Kindern wird die Hörfähigkeit durch Leistungsanspruch unterdrückt. Doch das Wiedergewinnen unserer Hörfähigkeit für die Musik des Lebens und die Musik des Todes setzt die Schulung der Sinne und nicht die Schulung überwiegend des Intellekts voraus.

Hektik und Stress nehmen uns die Möglichkeit, in uns hineinzuhören und hineinzuspüren. Um die Hörfähigkeit für die Musik des Todes zu entwickeln und zu erlangen, bedarf es regelmäßiger Zeiten der Stille. Wollen wir der Musik des Lebens und des Todes lauschen, müssen wir Ruhe und Dynamik in Einklang bringen, müssen wir bereit sein, den Weg nach innen zu gehen, um so unseren inneren Meister zu finden.

Wer ein wenig in der Todesdichtung des Dichters Rainer Maria Rilke bewandert ist, dem ruft Ihr Bild »Legt die Masken mir ins Grab« unweigerlich dessen Gedicht »Todes-Erfahrung« ins Gedächtnis, das auch den Satz enthält: »Wir haben keinen Grund, / Bewunderung und Liebe und Hass / dem Tod zu zeigen, den ein Maskenmund / tragischer Klage wunderlich entstellt.« Welche »Todes-Erfahrung« war es, die Sie bewogen hat, Masken und Tod bildlich zu verbinden?

Es war die Maske meines damaligen Lebens, die ich ablegen wollte und musste. Die Dunkelheit hinter der Maske war nichts im Vergleich zu der Dunkelheit, die dann kam. Ich wurde, einem Wirbelsturm gleich, in ein tiefes schwarzes Loch gerissen, und erst ganz weit unten, nachdem ich mich immer mehr fallen ließ, kam der Funke eines Lichts, der mir die Richtung wies: nichts mehr sollen, nichts mehr wollen. Endlich alle Masken abzugeben, nicht mehr »funktionieren« zu müssen, dafür schien mir der Tausch »Leben gegen Tod« ein guter Preis.

Wir alle legen uns oft schon in der Kindheit unbewusst Masken zu, die wir im Laufe unseres Lebens weiterentwickeln und vermehren. Sie abzulegen geht nicht ohne Schmerz, denn sie sind uns zur »zweiten Natur« geworden. Während die Naturvölker ihre aufwendig gearbeiteten Masken dafür einsetzten, durch furchterregendes Aussehen die bösen Geister zu vertreiben, dienen unsere Masken der Freundlichkeit dazu, sie anzulocken und unsere wahren Gefühle zu verstecken, wie zum Beispiel bei

- der Maske des Mitgefühls, obwohl uns nichts interessiert,
- der Maske der Freude, obwohl wir keine haben,
- der Maske des Verzichts, obwohl uns die Gier zerfrisst,
- der Maske der Aufrichtigkeit, obwohl wir nur so tun, als ob,
- der Maske der Höflichkeit, obwohl uns alles nervt,
- der Maske der Hilflosigkeit, obwohl nichts als Berechnung,
- der Maske der Unschuld, der Menschlichkeit, der Macht, der Unwissenheit, des Gönners, usw. usf.

Eine, die sich weigerte, Masken zu tragen, war Inge Müller:

> Masken
> Ich weigere mich Masken zu tragen / Mich suche ich / ich will nicht dass ihr mich nachäfft / Ich suche unser Gesicht / Nackt und veränderlich. / Nicht Tränen nicht alle Wetter / Waschen die Larven uns ab / Kein Feuer kein Gott wir selber / Legen uns ins Grab

Es ist schwer und fast unmöglich, ohne Masken zu leben. Die meisten Menschen ertragen es nicht, wenn man ihnen ohne Maske entgegentritt, sie bevorzugen das »Maskenspiel«, oft sogar mit dem Wissen, dass es ein Spiel ist. Jede Gesellschaft trägt die Maske »ihrer Zeit« und sie tut sich nicht leicht damit, auch wenn es so scheint – mit der Maske des schönen Scheins.

»Mit dem Tod verlobt // ins Leben verliebt« – so beginnt das Gedicht »Gruß und Lebewohl« der jüdischen Lyrikerin Rose Ausländer, das in ihrem Gedichtband »Mutterland. Einverständnis« abgedruckt ist. Der Brautschleier, den Sie der Frau, in der Sie sich ja selbst porträtiert haben, auf dem Bild »Vermählung« gemalt haben, kann wohl durchaus als Sinnbild dafür genommen werden, dass einzig das Leben, das dem Tod sein Jawort gegeben hat, das Ja zum Tod gesagt hat, das mit dem Tod gewissermaßen »verheiratet« ist, gutes, glückliches, da glückendes, Leben sein kann. Ist es das, was Ihr Bild »Vermählung« sagen will: dass das Leben die »Gemahlin« des Todes geworden sein muss, da es einzig als mit dem Tod vermähltes Leben auch sich seiner selbst bewusstes Leben sein kann?

Mit Ihrer Frage haben Sie die Antwort bereits gegeben. Sich selbst bewusstes Leben erreiche ich eben nur, wenn ich meine Masken ablege, wenn ich »mein Leben« lebe und nicht das der Gesellschaft. Wenn ich mein Leben dem Tod, der als Bräutigam nicht wirbt, als Gemahlin anvertraut habe, ist mein Sterben bewusst ins Leben integriert. Der Tod ist dann kein Fremder mehr – im Gegenteil: er wird Geburtshelfer eines bewussten Lebens.

Indem ich die Gemahlin des Todes werde, erreiche ich – auch wenn das paradox klingen mag – innere Freiheit, die mich und das, was tot um mich herum war, zur nächsten Stufe meines Lebens führt. Die Hochzeit zwischen Leben und Tod findet in aller Stille statt. Der Tod wird mein treuer Gemahl, denn nichts ist sicherer als der Tod. Leben und Tod sind endlich vereint, denn wer den Tod bedenkt, begreift das Leben.

Wir Menschen, so hat der Theologe Karl Rahner einmal gesagt, sind die »Kinder der Erde, die sterben« müssen. Die Boten des Todes, deren Botschaft uns immer wieder mitten im Leben erreicht, lässt uns das deutlich ge-

Renée Rauchalles
»Legt die Masken mir ins Grab«

Memento mori wäre das Lösungswort für diese in altmeisterlicher Malkunst ausgeführte Szenerie. Der Tod als Bräutigam, dem die Künstlerin selbst eine Rose überreicht: ein altes Thema, das besonders im christlich beeinflussten, europäischen Kulturkreis seit der Gotik oft zur Darstellung kam. Sehr überzeugend die Erfindung einer Hochzeitskirche, die aus Mausoleen besteht. Ein sehr eindrucksvolles Bild, das hier gelungen ist.

Prof. Ernst Fuchs,
Maler, Mitbegründer der Wiener Schule

nug wissen. Doch gleichermaßen sind wir Menschen, die »Kinder der Erde«, – so sagt es der christliche Glaube – als Kinder Gottes auch die Kinder des Himmels. Dürfte jemand, der Ihr Bild »Auf dem Weg«, das Sie selbst als Frau, der Flügel gewachsen sind, zeigt, theologisch betrachtet, es auch so deuten, dass wir, wenn wir unseren Tod sterben, Flügel erhalten, die es uns dann gestatten, uns von der Erde zum Himmel zu erheben? Oder will Ihr Bild »Auf dem Weg« dem Betrachter ganz einfach sagen, dass die Begegnung mit dem Tod mitten im Leben uns tatsächlich »beflügelt«, unser Leben wirklich zu leben, damit es dann, wenn es im Tod zu Ende geht, wirklich auch Leben, ein wirkliches Leben eben, war?

Mit der bildlichen Vorstellung, dass wir nach unserem Tod Flügel erhalten und gen Himmel fahren, kann ich mich nicht anfreunden, da ich mir ganz bewusst keine Vorstellung über das »Danach« machen will.

Ich sehe das mehr symbolisch: durch meinen physischen Tod werde ich der »Schwere« des Lebens entbunden, werde schwerelos und flügelgleich. Da ich mein irdisches, materielles Leben abgestreift habe, befinde ich mich nun »Auf dem Weg« in eine andere Ebene.

Doch unbedingt bin ich mit ihnen der Auffassung, dass die Begegnung mit unseren »Toden« mitten im Leben uns beflügelt, unser Leben selbstbestimmt zu leben, unser eigener Führer zu sein »Auf dem Weg« des Lebens und so tatsächlich ein eigenes Leben zu führen.

Die Reihenfolge der Bilder: »Versöhnung«, »Spiel mir das Lied«, »Legt die Masken mir ins Grab«, »Vermählung« und »Auf dem Weg« – wie da ein bestimmtes Bild auf wieder ein bestimmtes Bild folgt – ist gewiss kein Zufall. Weshalb gerade diese Reihenfolge? Welche »Logik« ist da bestimmend gewesen, die Bilder gerade in dieser Reihenfolge zu präsentieren?

Das erste Bild »*Versöhnung*« bildet den Beginn der Versöhnung zwischen Leben und Tod, den Wunsch danach, die Getrenntheit aufzuhe-

Renée Rauchalles
»Vermählung«

ben, um ein bewussteres und ganzheitlicheres Leben führen zu können.

Wenn wir in der Lage sind, den Kreislauf des Lebens, die Vergänglichkeit allen Seins und unsere inneren Sterbeprozesse anzunehmen, können wir konstruktiver mit unserem Leben umgehen. Wir werden hörfähig für die Musik des Todes, für *»Spiel mir das Lied«*, für das Thema meines zweiten Bildes.

Das dritte Bild *»Legt die Masken mir ins Grab«* zeigt den Wunsch, die Masken, die wir tragen, abzulegen, um endlich wir selbst zu sein, auch wenn das letztlich erst im Augenblick des Todes geschieht. Das vierte Bild *»Vermählung«* stellt die gelungene Synthese dar. Wir haben uns von den Masken des Lebens befreit und den Tod ins Leben einbezogen. Mit ihm, dem Tod, sind wir – so die Aussage des fünften Bildes – *»Auf dem Weg«* in ein bewussteres, befreites und »beflügeltes« Leben. Wir können nun unser eigenes Leben führen und sind so »Auf dem Weg«, die kleinen Tode und den großen Tod unseres Lebens zu sterben.

Das Bild »Versöhnung« wurde immer wieder in Ausstellungen gezeigt. Welche Reaktionen haben Sie erlebt bzw. erleben Sie? Gibt es da typische Reaktionen?

Als ich dieses Bild 1991 zum ersten Mal im Münchner Gasteig ausstellte, war ich über die positive Resonanz sehr erstaunt. Damit hatte ich nicht gerechnet, denn das Thema Tod war zu dieser Zeit so gut wie tabu. Was mich am meisten immer wieder überrascht und erfreut, ist, dass vor allem junge Menschen nachdenklich und interessiert auf dieses Bild reagieren.

Wenn es eine typische Reaktion gibt, dann wohl am ehesten die, dass die Menschen nicht mit Gleichgültigkeit reagieren. Wie diese Reaktion auch ausfallen mag, immer geben dabei die Betreffenden etwas von sich preis, denn nichts ist so aufschlussreich wie die Reaktion auf das Thema Tod. Mit Angst reagieren die wenigsten, die meisten spüren, worum es bei diesem Bild geht, erkennen dessen zentrale Aussage.

Das Spektrum der Reaktionen reicht jedenfalls von großer Begeisterung und Bewunderung bis hin zur völligen Orientierungslosigkeit. Letzteres erlebte ich allerdings nur einmal, als mir eine bekannte Politikerin erklärte, sie könne mit diesem Bild nichts anfangen. Faszinierend waren und sind die Verschiedenartigkeit der Aussagen des Betrachters, die sogar meine eigenen Interpretationen im Laufe der Zeit erweiterten, denn oft ist es bei einem Bild so, dass der Betrachter mehr sieht als der Maler selbst.

Einige »Stimmen« zum Bild »Versöhnung«, die in diesem Buch abgedruckt sind, geben eindrucksvoll den unterschiedlichen Umgang mit der

Renée Rauchalles
»Auf dem Weg«

inhaltlichen Thematik dieses Bildes wieder. Jede deckt auf ihre Weise einen Teilbereich dieser Bildaussage ab. Wer diese kurzen Beiträge genau liest, bemerkt durchaus eine gewisse berufsbezogene, berufsspezifische Sicht, die in die jeweilige Interpretation miteingeflossen ist.

Der Musiker und Theatermann Gerd Uecker beispielsweise würde den Tod musikalisch vertonen, dazu Geschichten erzählen und erfinden. Die Geschichte des Todes spielt auf der Bühne des Lebens, wird also ein Bühnenstück. Bei der Schriftstellerin Ursula Haas würde sich die Szene zu einer zarten Liebespoesie entwickeln, der Architekt Professor Hans-Busso von Busse untersucht erst einmal die architektonischen Gegebenheiten, bevor er auf weitere Einzelheiten eingeht, der Maler Ernst Fuchs betrachtet das Bild selbstverständlich aus der Sicht eines Malers, die Ärztin Dr. Marie Beykirch beschreibt das, was mit dem Tod in den Krankenhäusern geschieht: Man sperrt ihn dort ein, und man sperrt ihn dort aus. Für die Schauspielerin Cleo Maria Kretschmer spielt dagegen die Messung der Zeit eine wichtige Rolle. Bedenkt man, dass sie vor nicht allzu langer Zeit dem Tod nur knapp entkommen ist, so liegt das nahe. Nicht so nahe liegt allerdings ihr furchtloser, ja geradezu humorvoller Umgang mit dem Tod. Ist es die Aussicht auf »ewige, köstliche Ruhe nur«?

»... denn Wunden bringen uns der Lösung eines Rätsels näher.«

Die jüdische Dichterin Nelly Sachs ist gewiss nicht die Einzige gewesen und geblieben, die gewusst hat, dass es »glühende Rätsel« in unserer Welt gibt und dass der, der sie anpackt, sich gehörig die Finger dabei verbrennen kann. Sie haben das glühende Rätsel »Tod« malend angepackt, ohne den Eindruck zu erwecken, Sie hätten sich die Finger dabei verbrannt. Trügt dieser Eindruck?

Ein bisschen muss man sich wohl immer verbrennen, wenn man sich an ein Rätsel wagt, denn Wunden bringen uns der Lösung eines Rätsels näher. Rätsel sind Herausforderungen, denen man sich stellen oder verweigern kann. Weil ich mich ihnen stelle, brauche ich keine Schreckensfratzen eines unheilvollen Todes zu malen, die einen nicht mehr schlafen lassen.

Der Tod ist nicht der Richter und auch nicht Feind in meinen Bildern. Es ist der Mensch, der den Tod verhängnisvoll und grausam ins Leben bringt. Der Tod im Kriegsgetümmel und all die vielen Tode, die anderen angetan und die nicht die eigenen sind, machen mir »Versöhnung« schwer, weil da der Mensch des Menschen »Henker« ist. Doch will ich mich von diesen Realitäten nicht überrollen und lähmen lassen, denn ohne das Böse gäbe es das Gute nicht und ohne das Gute nicht das Böse. Das ewig Gute – das wäre schon ein Traum!

»Versöhnung« – ein großes programmatisches Wort. Ist es ein Schlüsselwort, dem Tod, diesem glühendsten unter den glühenden Rätseln des Lebens, auf die Spur zu kommen? Versöhnung mit dem Tod – was muss ich tun, sie zu erlangen?

In einer Zeit, in der immer mehr über Unsterblichkeit diskutiert und nach Möglichkeiten zu deren Realisierung nachgedacht wird, erscheint es mir im Hinblick darauf, dass sich erst durch den Tod der Sinn des Lebens erschließt, es immer notwendiger und dringlicher, dass wir uns mit unserer eigenen Sterblichkeit versöhnen.

Versöhnung mit dem Tod bedeutet Versöhnung mit unserem Leben, so wie es war, so wie es ist. Haben wir nicht nahezu tagtäglich die Möglichkeit zur Versöhnung? In jedem Gedanken, jedem Wort, jedem Blick, jeder Geste, jeder Handlung liegt die Möglichkeit einer Versöhnung. Sie setzt immer den Wunsch voraus, etwas, was in Unordnung ist, wieder in Ordnung zu bringen, eventuell eine alte Ordnung durch eine neue zu ersetzen, sinnlose Kämpfe aufzugeben, loszulassen, andere Gegebenheiten zu akzeptieren, hinzunehmen oder sie sogar als Erkenntnis zu begrüßen und somit sein Einverständnis zu geben.

Versöhnung erlange ich, wenn ich der Realität ins Auge sehe. Der Realität ins Auge sehen bedeutet, Illusionen, Vorstellungen und Erwartungen, auch die über den Tod und über das Danach loszulassen. Was wissen wir schon über den Tod und das Danach? Wir wollen immer wissen, wollen Beweise haben, andererseits fürchten wir uns vor dem Wissen, vor allem vor dem Wissen um unsere Sterblichkeit. Wir fürchten uns vor dem Nichts, deshalb haben wir uns Vorstellungen über das Jenseits geschaffen. Aber da, wo man glaubt, es gäbe nichts, gibt es immer noch etwas, etwas, was unserer Vorstellung nicht bedarf, weil es unsere Vorstellungen übersteigt.

Wer die theoretische Möglichkeit eines ewigen leiblichen Lebens und dessen Konsequenzen wirklich ernsthaft durchdenkt und sich vorstellt, muss einsehen, dass der Tod der Sinn des Lebens ist. Wenn daher Renée Rauchalles dem Tod eine Rose reicht, feiert sie das Leben.

Prof. Herbert Rosendorfer, Schriftsteller

Versöhnung mit unserem Tod erlangen wir durch Akzeptieren unseres Nichtwissens um das, was der Tod letztlich ist, und durch Akzeptieren des Wissens um unsere Sterblichkeit. Der Tod ist mit Unsicherheit und Angst verbunden, weil uns Vertrauen fehlt. Doch Vertrauen in was oder in wen?

Es ist wie in der Liebe: Wir müssen vertrauen, selbst wenn es schief geht. Es gibt keine Garantie. Wir wollen eine Garantie für unser Leben, für unseren Tod. Versöhnung erlange ich, wenn ich den Gedanken an Garantie(n) loslasse.

»Gehen wir mit unserem Leben tatsächlich so um, als seien wir uns gewiss, dass es nicht ewig währt?«

Doch wie lerne ich Vertrauen? Schauen wir unser Leben an. Es gibt genügend Gelegenheiten, Vertrauen zu lernen, selbst bei harten Schicksalsschlägen, die uns immer etwas zeigen, uns weiterbringen wollen, wenn wir dafür offen sind. Selbst das Wissen darum, dass wir auch einen plötzlichen Tod sterben können, ist eine Chance zur Wandlung unserer Lebenseinstellung. Seien wir darum vorbereitet: Jede Sekunde unseres Lebens kann die letzte sein. Auch damit gilt es, sich zu versöhnen.

Gehen wir mit unserem Leben tatsächlich so um, als seien wir uns gewiss, dass es nicht ewig währt? Wer denkt als junger Mensch schon daran, solange er mit dem Tod nicht konfrontiert wird? Und plötzlich merkst du, die Jahre und deine Blüte sind vergangen. Innerlich magst du noch jung sein, aber dein Körper wird welk wie die Blätter im Wind. Du wirst dir deiner Sterblichkeit und des Sterbens schmerzlichst bewusst.

Es war im Jahre 1910, als in Leipzig der Roman »Die Aufzeichnungen des Malte Laurids Brigge« erschien, den Rainer Maria Rilke geschrieben hatte. Eine Sorge, die der Dichter in seinem Roman zur Sprache gebracht hat, ist die Sorge, dass der Mensch mehr und mehr um (s)einen »eigenen Tod« gebracht werde. Würden Sie sagen, dass Rilkes Sorge in unseren Tagen berechtigter denn je ist?

Unbedingt! Denn wir sterben den Tod unserer heutigen Gesellschaft, das heißt, den von ihr verordneten, vom Leben ausgesperrten Tod, so als sei er etwas Unanständiges, das man bekämpfen und verbergen muss. Wir werden auf unser Sterben nicht vorbereitet und leben häufig so, als gäbe es keinen Tod. Der alte und kranke Mensch muss nicht nur seine gewohnte Umgebung zum Sterben verlassen, er muss in den Krankenhäusern auch noch einen einsamen und unwürdigen Tod sterben, der nicht sein eigener ist, denn er kann kaum so sterben, wie er gern sterben würde.

Unsere Gesellschaft hat die Macht über unseren Tod an die Ärzte abgegeben. Wenn ich aber »mein Leben« gelebt habe, so will ich auch im Sterben nicht bevormundet oder gar entmündigt werden. Ich will »mein Sterben« sterben und nicht gestorben werden, denn keinem Menschen gehört die Macht über den Tod eines anderen! Und kein Mensch hat das Recht, über den Tod eines anderen zu bestimmen. Wohl aber hat jeder Mensch ein Recht darauf, seinen – wie Rilke es bereits treffend sagte – »eigenen Tod« zu sterben.

Ich glaube, oft ist die Angst vor dem Sterben mehr die Vorstellung davon, wie wir sterben, und nicht die Tatsache, dass wir sterben. Deshalb bedarf es eines großen Umdenkens und Umlernens. Versöhnung mit unserer Sterblichkeit erreichen wir in unserer westlichen Gesellschaft erst, wenn wir das Sterben wieder ins Leben integrieren, so wie das bei früheren Generationen üblich war.

»Ich will ›mein Sterben‹ sterben und nicht gestorben werden … «

Würden wir uns als Gesellschaft mit unserer Sterblichkeit versöhnen, bräuchten wir vielleicht auch keine Altersghettos mehr, und wir müssten die alten Menschen nicht so behandeln, als seien sie unwissend, als hätten sie nicht ein ganzes Leben hinter sich. Dann müsste es auch nicht heißen: Jung zu Jung, Alt zu Alt, Sterbende zu Sterbenden. Alt und Jung gehören zusammen wie Vergangenheit und Zukunft. Der Jugendwahn und Jugendkult ist Respektlosigkeit der Vergänglichkeit des Lebens gegenüber, ist Verdrängung und Verleugnung der Vergänglichkeit des Seins. Wir haben keine Achtung vor dem Leben und keine Achtung vor dem Tod.

Versöhnung mit dem Tod heißt begreifen und akzeptieren zu lernen, dass das Leben »Sterben« bedeutet.

Leben und Sterben sind ein Paar, Sterben ist im Leben enthalten. Ist Leben im Sterben enthalten? Bilden sie nach beiden Richtungen eine untrennbare Polarität wie Ebbe und Flut, die ständig einander ablösen? Das Wasser kommt und geht, wie Tag und Nacht. Der Tag führt zur Nacht, die Nacht zum Tag. Der Tag gehört zur Nacht, wie die Nacht zum Tag. Tag und Nacht bestehen gleichzeitig, nur auf verschiedenen Teilen unserer Erde. Die Nacht ruht aus, ist nicht so sichtbar wie der Tag, aber leblos ist sie nicht. Ruhen wir aus im Tod, ist es ein Neubeginn?

Tod bedeutet Wandlung, welche, das ist wohl ein unergründbares Rätsel. Leben bedeutet Vorbereitung auf den Tod, auf den großen Schlaf. Der tägliche Schlaf ist uns Wohltat, bereitet uns keine Angst. Wir gehen davon aus, dass wir wieder erwachen. Der große Schlaf macht uns Angst, denn Sterben bedeutet für uns alle, sich auf Unbekanntes einzulassen, Besitz und Menschen zurückzulassen, bedeutet, nicht zu wissen.

Geht es darum, auf ein von »oben« gegebenes Versprechen zu hoffen, damit wir beruhigt sterben können? Ich denke nicht, den Sprung müssen wir schon selber wagen – ob wir wollen oder nicht. Nicht zu wissen bietet Möglichkeiten für Überraschung, nicht zu wissen verlangt Vertrauen, Vertrauen in etwas uns Nichtvorstellbares, in etwas, das uns auch die Möglichkeit gibt zu leben, in etwas, das wir Gott nennen. Wenn wir unserem Tod die Rose unseres Lebens anvertrauen, vertrauen wir auf Gott, vertrauen wir auf etwas, das unbestimmbar und unerklärbar ist und bleibt. Vertrauen wir also darauf: die Rose unseres Lebens wird weiterblühen – auch ohne unser Zutun.

Das Kreuz, das auf dem Buchtitel zu sehen ist, besteht aus fünf einzelnen Bildern, die als Ganzes das Pentaptychon »Requiem« bilden. Der Theologe denkt bei »Requiem« an den gregorianischen Gesang, der den Introitus der Totenmesse bildet – »Requiem aeternam dona eis Domine et lux perpetua luceat eis« (»Herr, gib ihnen die ewige Ruhe und das ewige Licht leuchte ihnen«). Woran dachten Sie, als Sie diesem Bild den Titel »Requiem« gaben?

Ich wollte das Wort »Requiem« von seiner Trauer befreien, indem ich das Kreuz des Leidens und der Dunkelheit in seiner Unverrückbarkeit auflöse in eine bewegliche, farbenfrohe und lichte Kreuzform, die jederzeit zu neuen Formen verändert werden könnte. Diese Veränderungsmöglichkeit soll Sinnbild sein für das nicht Fass- und Greifbare, das kommt, wenn wir unser irdisches Leben hinter uns lassen. In meinem Bild »Requiem« wandern wir durch verschiedene Tore. Die drei vertikalen Bildteile symbolisieren – ebenso wie die drei horizontalen Teile – Körper, Geist und Seele. Jedes Tor öffnet sich zum nächsten, bedeutet Wandlung.

Wenn wir unseren Körper verlassen, uns von unserer Erdenschwere, unserem Erdenbewusstsein endgültig lösen und unsere Seele frei wird von allen Bindungen, haben wir diese Tore durchschritten und gelangen in das Tor des Lichts, in das Tor der Einheit, in dem wiederum alle drei Tore enthalten sind. Dieses Tor der Einheit, der Erkenntnis und Geborgenheit wird versinnbildlicht durch den oberen kleinen Teil des (»Requiem«-)Bildes. Hier umfängt uns Geborgenheit wie ein großer offener Bogen und macht uns eins mit uns selbst und eins mit Gott.

Wenn der christliche Glaube vom Tod redet, redet er stets auch von einem Tod, der an einem Kreuz gestorben wurde. Was bedeutet das Kreuz für Sie? Was bedeutet Ihnen das Kreuz?

In erster Linie sehe ich im Kreuz ein Symbol für Unrecht und Irrtum, Macht und Ohnmacht, Fanatismus und unendliches Leid. Ein Mensch wie Jesus, der sich für Liebe und Menschlichkeit einsetzte, hat durch sein Wirken und durch seinen Tod einen Kreuzzug der Unmenschlichkeit ausgelöst, der seinesgleichen sucht. Das zeigt, dass seine Botschaft nicht verstanden wurde, die Menschen nicht reif waren für seine Lehre, denn Gewalt widerspricht jeglichem Ausdruck von Liebe und Menschlichkeit.

Der unglaublich zerstörerische Fanatismus, mit dem man versuchte, den Menschen diese neue Ideologie aufzuzwingen, zeigt, dass sie vorrangig dem Zweck der Machtausübung diente. Und Machtausübung war es auch, durch die Jesus ans Kreuz geschlagen wurde. Der Tod am Kreuz hat die Menschheit nicht erlöst von ihrer Gewalt und heute – zweitausend Jahre später – dient sie noch immer dem Zwecke der Macht.

Im Zeitalter der Information, das das Wegschauen fast unmöglich macht, sind Akte gewollter Zerstörung nicht mehr unbewusst, denn heute weiß die Menschheit, was sie tut!

Das Kreuz bedeutet mir Mahnmal gegen blinde Macht und Unrecht, fordert mich auf, wach zu sein für all das, was um uns herum geschieht. Soll Jesus, sollen all die Menschen, die im Namen des Kreuzes ihr Leben lassen mussten, umsonst gestorben sein?

Ist die Würde des Menschen, die Würde der Kreatur und die Würde unseres Planeten unter Gott, unter Jesus, unter Allah, unter Buddha, unter Mohammed, unter … nicht genauso unantastbar wie die Macht der Liebe?

»Stille heißt nicht Tatenlosigkeit, Stille heißt: es geschieht«, haben Sie in einem Interview gesagt, das Sie 1999 der Kunstzeitschrift »ArtProfil« gegeben haben. Darf ich Ihnen als letzte Frage daher die Frage stellen: Braucht es Stille, damit »geschieht«, dass wir Lernende jener schweren Kunst werden, die die Kunst des Sterbens ist?

Ja, es braucht Stille. Denn durch Lärm und übermäßige Aktionen versäumen wir unsere Stille und damit uns selbst. Nur die Stille lehrt uns, geschehen zu lassen, loszulassen. Sie lehrt uns, unsere falschen Gesichter, unsere »Masken«, aufzugeben und zu fühlen, was mit uns, was in uns geschieht.

Am Anfang des Weges zur Stille übertönen unsere tosenden, ungezähmten Emotionen diese Stille, und je mehr wir uns ihr überlassen, umso lauter werden sie. Das ist der Moment, wo man umkehren möchte, zurück in den äußeren Lärm, denn man will seiner lauten Stille entfliehen. Doch Flucht ist sinnlos, man wird immer wieder auf denselben Punkt zurückgeworfen, und erst, wenn wir lernen, diesen »Knotenpunkt« zu lösen, tauchen wir in eine Stille ein, die uns unseren inneren Reichtum erfahren lässt. Dort werden wir das für unser Leben finden, was wir selbst entscheiden, uns zu geben.

Je früher wir Stille in uns geschehen lassen, umso früher lernen wir die Kunst des Sterbens. Sie wird uns Freund sein am Ende unserer Tage, denn auch das Sterben wird geschehen. Es wird uns in eine Stille führen, in der sich unser wahres Ich erkennt.

Literaturverzeichnis

Albrecht, Alois [Text] – **Edelkötter, Ludger** [Musik]: Worauf es ankommt, wenn ER kommt. Erschienen auf der LP IMP 1011 – Worauf es ankommt, wenn Er kommt. – Rechte: Impulse-Musikverlag Ludger Edelkötter, Drensteinfurt.

Beauvoir, Simone de: Tous les hommes sont mortels, Paris 1946, dt.: Alle Menschen sind sterblich. Roman. Aus dem Französischen übertragen von Eva Rechel-Mertens, © 1949 by Rowohlt Verlag GmbH, Stuttgart.

Die Benediktusregel. Lateinisch – Deutsch. Herausgegeben von P. Basilius Steidle OSB, Beuron 1980.

Biermann, Wolf: Es gibt ein Leben vor dem Tod, in: Ders.: Alle Lieder, © 1991 by Verlag Kiepenhauer & Witsch, Köln.

Brecht, Bertolt: Gesammelte Werke in 20 Bänden (werkausgabe edition suhrkamp). Herausgegeben vom Suhrkamp Verlag in Zusammenarbeit mit Elisabeth Hauptmann, Frankfurt am Main 1967.

Buber, Martin: Die Erzählungen der Chassidim (Manesse Bibliothek der Weltliteratur), Zürich 1949.

Busta, Christine: Der Himmel im Kastanienbaum. Gedichte. Gesammelt und herausgegeben von Franz Peter Künzel, Salzburg 1989.

Claudius, Matthias: Sämtliche Werke. Nach dem Text der Erstausgaben (*Asmus* 1775–1812) und den Originaldrucken (Nachlese) samt den 10 Bildtafeln von Chodowiecki und den übrigen Illustrationen der Erstausgaben. Verantwortlich für die Textredaktion: Jost Perfahl. Mit Nachwort und Bibliographie von Rolf Siebke, Anmerkungen von Hansjörg Platschek sowie einer Zeittafel. Lizenzausgabe für die Wissenschaftliche Buchgesellschaft Darmstadt, Darmstadt [7]1989.

Dostojewskij, F. M.: Sämtliche Werke in zehn Bänden, München – Zürich 1977 / 1980.

Dürrenmatt, Friedrich: Gesammelte Werke in sieben Bänden, Zürich 1996.

Eich, Günter: Festianus, Märtyrer, in: Ders.: Fünfzehn Hörspiele (suhrkamp taschenbuch 120), Frankfurt am Main 1973.

Gellert, Christian Fürchtegott: Vom Tode, in: Ders.: Sämtliche Fabeln und Erzählungen. Geistliche Oden und Lieder. Vollständige Ausgabe nach dem Text der Ausgaben letzter Hand. Mit einem Nachwort von Herbert Klinkhardt (Die Fundgrube; Nr. 13), München 1965 [Geistliche Oden und Lieder, 215–312, 273–275].

Gerhardt, Paul: Dichtungen und Schriften, herausgegeben und textkritisch durchgesehen von Eberhard von Cranach-Sichart, München 1957.

Ignatius von Loyola: Die Exerzitien. Übertragen von Hans Urs von Balthasar (Sigillum), Einsiedeln [10]1990.

Jewtuschenko, Jewgeni: Das dritte Gedächtnis (<Volk und Welt Spektrum> 22 Gedichte), Berlin 1970.

Jonas, Hans: Philosophische Untersuchungen und metaphysische Vermutungen, Frankfurt am Main – Leipzig 1992.

Kästner, Erich: Werke. Herausgegeben von Franz Josef Görtz, München – Wien 1998 [Band: Zeitgenossen, haufenweise. Gedichte. Herausgegeben von Harald Hartung in Zusammenarbeit mit Nicola Brinkmann. »Kurz und bündig«. Epigramme, 267–296. 287 – »Sich selbst zum 40. Geburtstag«].

Kaufmann, Walter: The Faith of a Heretic, Garden City – New York 1961, dt.: Der Glaube eines Ketzers (Die Übersetzung besorgten Bernhard Mieke und Alfred Zeller; sie wurde vom Verfasser durchgesehen.), München 1965.

Kuschel, Karl-Josef: Weil wir uns auf dieser Erde nicht ganz zu Hause fühlen. 12 Schriftsteller über Religion und Literatur. In Zusammenarbeit mit Hartmut Meesmann (Serie Piper; 414), München – Zürich 1985.

Langemeyer, Bernhard: Mit den Toten leben. Vom Leben der Verstorbenen in unserer Erinnerung (Franziskanische Impulse ; 5), Werl 1999.

Marti, Kurt: Werkauswahl in fünf Bänden, aus: Namenszug mit Mond. Gedichte, © 1996 Verlag Nagel & Kimche AG, Zürich.

Ders.: Leichenreden, © 2001Verlag Nagel & Kimche AG, Zürich.

Ders.: Zärtlichkeit und Schmerz. *Notizen* (Sammlung Luchterhand; 337), Darmstadt und Neuwied 1981.

Mozart, Wolfgang Amadeus: Briefe. Herausgegeben von Willi Reich (Manesse Bibliothek der Weltliteratur), Zürich ^{10}1986.

Noll, Peter: Diktate über Sterben und Tod, S. 81–84 (Auszüge), © Pendo Verlag GmbH, Zürich 1984.

Nouwen, Henri: Our Greatest Gift. A Meditation on Dying and Caring, San Francisco 1994, dt.: Die Gabe der Vollendung. Mit dem Sterben leben. Aus dem Amerikanischen von Bernardin Schellenberger, Verlag Herder, Freiburg ^{3}1998

Rilke, Rainer Maria: Briefe aus den Jahren 1906 bis 1907. Herausgegeben von Ruth Sieber-Rilke und Carl Sieber, Leipzig 1930.

Ders.: Briefe. Herausgegeben vom Rilke-Archiv in Weimar in Verbindung mit Ruth Sieber-Rilke besorgt durch Karl Altheim, 3 Bände, Frankfurt am Main 1987.

Ders.: Die Briefe an Frau Gudi Nölke. Aus Rilkes Schweizer Jahren. Mit 4 Bildtafeln. Herausgegeben von Paul Obermüller, Wiesbaden 1953.

Ders.: Sämtliche Werke. Herausgegeben vom Rilke-Archiv in Verbindung mit Ruth Sieber-Rilke besorgt durch Ernst Zinn, 6 Bände, Frankfurt am Main 1987.

Saint-Exupéry, Antoine de: Gesammelte Schriften in drei Bänden, München 1978.

Sölle, Dorothee: Die Hinreise. Zur religiösen Erfahrung · Texte und Überlegungen, Stuttgart ^{9}1988.

Wust, Peter: Ungewißheit und Wagnis, München ^{7}1962.